技工教育汽车类专业概论系列教材

汽车钣金与涂装专业概论

侯朋朋 主　编
张宝运　付清洁 副主编

人民交通出版社股份有限公司
北京

内 容 提 要

本书是技工教育汽车类专业概论系列教材之一,主要内容分为汽车钣金与涂装专业概述、汽车钣金与涂装专业人才培养概述、汽车钣金与涂装专业技术概述、汽车钣金与涂装专业学习成长规划四个项目。项目下又分若干个任务,每个任务包括任务目标、任务内容、活动场景、活动目标、活动计划、活动资源、活动展示、活动评价八个部分。

本书可作为技工类院校汽车类相关专业的概论教材,也可作为汽车类专业建设的参考书。

图书在版编目(CIP)数据

汽车钣金与涂装专业概论/侯朋朋主编. —北京:人民交通出版社股份有限公司,2021.8
ISBN 978-7-114-17456-8

Ⅰ.①汽… Ⅱ.①侯… Ⅲ.①汽车—钣金工—职业教育—教材②汽车—涂漆—职业教育—教材 Ⅳ.①U472.4

中国版本图书馆 CIP 数据核字(2021)第 127467 号

Qiche Banjin yu Tuzhuang Zhuanye Gailun

书 名:	汽车钣金与涂装专业概论
著 作 者:	侯朋朋
责任编辑:	郭　跃
责任校对:	孙国靖　扈　婕
责任印制:	刘高彤
出版发行:	人民交通出版社股份有限公司
地　　址:	(100011)北京市朝阳区安定门外外馆斜街 3 号
网　　址:	http://www.ccpcl.com.cn
销售电话:	(010)59757973
总 经 销:	人民交通出版社股份有限公司发行部
经　　销:	各地新华书店
印　　刷:	北京虎彩文化传播有限公司
开　　本:	787×1092　1/16
印　　张:	5.75
字　　数:	98 千
版　　次:	2021 年 8 月　第 1 版
印　　次:	2022 年 8 月　第 2 次印刷
书　　号:	ISBN 978-7-114-17456-8
定　　价:	28.00 元

(有印刷、装订质量问题的图书由本公司负责调换)

前言

近年来,汽车行业迅猛发展,产销量大幅增长。各职业院校根据市场需求,相继开设了汽车钣金与涂装专业。选择适用的教材,对于院校专业建设至关重要。技工教育汽车类专业概论系列教材是在各行业、企业技术专家的大力协助下编写而成。

本系列教材在编写过程中,采用职业院校大力推广的"基于工作过程的任务教学法"体例。项目规划科学,任务分解合理,利于教学过程中的讲解与活动组织。本系列教材依据现行业、企业与学校的实际情况进行编写,实现概论教学与专业课、专业基础课、文化基础课、企业实践无缝对接。

本书由山东交通技师学院侯朋朋担任主编,由张宝运、付清洁担任副主编,由侯朋朋负责统稿。书中共有4个项目、12个任务,项目一由付清洁编写。项目二任务一、二、三由张宝运编写,任务四由侯朋朋编写。项目三由张宝运、刘月涛编写。项目四任务一由刘月涛编写,任务二、三、四由张民编写。

限于编者水平,书中难免有疏漏和错误之处,恳请广大读者提出宝贵建议,以便进一步修改和完善。

编 者
2021年5月

目录

项目一　汽车钣金与涂装专业概述 ……………………………………………………… 1
　　任务一　了解汽车钣金与涂装专业发展背景 …………………………………………… 1
　　任务二　了解汽车钣金与涂装专业发展现状 …………………………………………… 7
　　任务三　了解汽车钣金与涂装专业发展趋势 …………………………………………… 11

项目二　汽车钣金与涂装专业人才培养概述 …………………………………………… 14
　　任务一　认识工作岗位 …………………………………………………………………… 14
　　任务二　明确能力需求 …………………………………………………………………… 20
　　任务三　了解课程设置 …………………………………………………………………… 27
　　任务四　熟悉保障措施 …………………………………………………………………… 37

项目三　汽车钣金与涂装专业技术概述 ………………………………………………… 52
　　任务　　了解汽车钣金与涂装专业技术 ………………………………………………… 52

项目四　汽车钣金与涂装专业学习成长规划 …………………………………………… 58
　　任务一　学习榜样 ………………………………………………………………………… 58
　　任务二　认识学习成长规划 ……………………………………………………………… 64
　　任务三　知道学习成长规划过程 ………………………………………………………… 69
　　任务四　撰写学习成长规划 ……………………………………………………………… 77

参考文献 ……………………………………………………………………………………… 84

项目一 汽车钣金与涂装专业概述

任务一 了解汽车钣金与涂装专业发展背景

任务目标

(1) 能熟练介绍汽车钣金与涂装专业发展过程。
(2) 每个团队能将任务分工明确，执行过程井然有序。
(3) 团队展示过程有创意、有特色。

任务内容

活动："挖挖汽车车身的前世与今生"

汽车经历一百多年的发展，其车身的形状也发生了很大的改变，从开始较粗糙的"马车"到后来的箱型，再到后来的甲壳虫型、船型、楔型等，汽车的外形越来越合理，线条越来越优美。

汽车外形的设计涉及机械工程学、人体工程学、空气动力学等多个学科的知识。

活动场景

根据宿舍安排划分学习小组，组长根据学生的性格特点、特长、优点进行学习任务的分工。要求分工明确，能够发挥个人所长。利用手机、学习资料等资源，说说汽车车身的发展过程。

活动目标

(1) 每个团队能将任务分工明确，执行过程井然有序。

(2)能将资料收集完整、全面,并将收集的资料进行有创意的展示。

(3)讲故事过程中应用普通话表达,语速合适,仪态大方。

活动计划

1. 分工

1名讲述人:_____　　1名导演:_____

2名书面策划:_____　2名资料收集:_____

2. 设备准备

_____

3. 资料准备

_____

_____

_____

_____

活动资源

汽车车身的发展

1. 汽车车身的要求

汽车车身的外形不仅要求美观,而且要考虑汽车的安全性能和经济性能。例如,要求汽车动力性好、操纵稳定性好;要求驾乘人员有足够的活动空间,舒适性好;要求汽车行驶时空气阻力小。

2. 汽车外形的发展阶段

汽车车身形式的发展主要经历了马车型汽车(图1-1-1)、箱型汽车(图1-1-2)、甲壳虫型汽车(图1-1-3)、船型汽车(图1-1-4)、鱼型汽车(图1-1-5)和楔型汽车(图1-1-6)。

3. 汽车车身造型风格的分类

现代汽车造型的三大流派为欧洲风格、美国风格、日韩风格。

(1)欧洲风格的特点:汽车总体比较保守、内敛、严谨,功能性比较强,又可分为英国风格、德国风格、法国风格和意大利风格。

图 1-1-1　马车型汽车

图 1-1-2　箱型汽车

图 1-1-3　甲壳虫型汽车(流线型车身)

图 1-1-4　船型汽车

图 1-1-5　鱼型汽车

a)奥迪楔型跑车　　　　　　　b)丰田MR2跑车

图 1-1-6　楔型汽车

（2）美国风格的特点：汽车的尺寸大、线条硬朗，富于装饰，且蕴含的创新意识强，善于运用流行元素。

（3）日韩风格的特点：小型车见长，灵活实用，造型活泼，注重细节设计，廉价省油，质量上乘。

4. 汽车车身材料的发展

1886 年，德国工程师卡尔·本茨和戴姆勒分别发明了三轮和四轮汽油机汽车，当时的汽车几乎是没有车身的马车，车身多为木结构形式。1915 年，福特生产的 T 形箱型汽车，车身覆盖件开始采用薄钢板冲压成型技术，基本确定了车身的造型，并实现了汽车制造的流水线生产方式，如图 1-1-7 所示。

图 1-1-7　福特汽车流水线

20世纪20年代,由于材料和冶炼、成型、焊接等方面技术的进步,轿车车身出现了整体式车身结构的设计思路(图1-1-8),即用薄壁结构制成硬壳式金属整体车身,车身也由敞篷式转变成封闭的箱式车身。1925年,在整体式车身的基础上,发明了承载式车身(图1-1-9),即车身由钢板冲压成型的金属结构件和大型覆盖件组成。

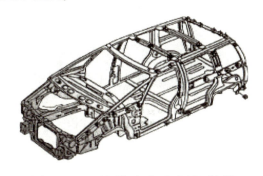

图1-1-8　整体式车身框架结构　　图1-1-9　承载式车身结构

随着车身设计框架的构建,新型材料也应用于车身,如复合材料、铝合金材料以及工程塑料等。随着高速公路的发展,车身空气动力学(视频1-1-1)、车身安全性和人体防护问题(视频1-1-2)也受到关注。

20世纪80年代以后,应用于车身高韧性的超高强度钢不断问世,并大量采用良好的防腐性镀锌钢板,甚至出现了全铝车身和全塑料复合材料车身。

随着车身新技术、新工艺、新材料的开发与研究,汽车轻量化已经成为汽车工业发展的重要课题之一。

活动资源

汽车车身涂装的变迁

色彩是人们视觉的反应,具有群体心理趋向性,即流行色。汽车流行色具有时间性、区域性、层次性以及种类性等要素。

1. 汽车流行色的时间性

汽车流行色的变化是缓慢的、连续的,其变化以一种趋势呈现。色彩的选择受国家、地区、民族以及职业影响比较大,并且变化相对比较稳定。例如,20世纪80年代,白色汽车占60%,而21世纪的今天,银色又成为主色调(图1-1-10)。

2. 汽车流行色的区域性

我国的北方城市比较偏重凝重、沉稳的色调,而南方城市对清新、明快的颜色情有独钟。总的来说,热带地区喜欢浅色调,如白色、浅灰色、黄色等;寒冷地区偏重深色调,如蓝色(图1-1-11)、黑色、红色等。

图1-1-10　银色汽车

图1-1-11　蓝色汽车

图1-1-12　玛莎拉蒂跑车

3.汽车流行色的层次性

在我国,公务用车常选择黑色车,黑色一般代表庄重、大方;医生、教师人群一般选择白色或银色偏多;企业白领以及自由职业者的年轻人比较注重个性化的红色、棕色以及蓝色等靓丽动感的颜色(图1-1-12)。

4.汽车流行色的车型种类性

大型高档轿车多以黑色、白色居多,而小型经济型轿车颜色鲜艳、色彩多样化,如红色、绿色、蓝色、橙色等被广泛运用。

此外,汽车颜色的选择还与油漆质量有密切关系。颜色的变化程度与油漆以及喷涂质量密切相关。例如,面漆质量比较差的汽车,一般选用深颜色比较好,在后期使用过程中不会有太明显的变色。

随着汽车大众化,消费者不仅注重汽车的功能和性能,更在意汽车的色彩和车身结构设计。因为车身结构设计不仅影响汽车外形的观赏性,还涉及汽车的舒适性和安全性。

活动展示

以演讲的形式开展本次活动。

活动评价

活动评价表见表1-1-1。

活 动 评 价 表　　　　　　　表 1-1-1

评分项	是否达到目标（30%）	活动表现（40%）	职业素养（30%）
评价标准	1.完全达到； 2.基本达到； 3.未能达到	1.积极参与； 2.主动性一般； 3.未积极参与	1.大有提高； 2.略有提高； 3.没有提高
自我评价(20%)			
组内评价(20%)			
组间评价(30%)			
教师评价(30%)			
总分(100%)			
自我总结			

任务二　了解汽车钣金与涂装专业发展现状

任务目标

(1) 了解汽车钣金与涂装专业发展的现状。
(2) 每个团队能将任务分工明确,执行过程井然有序。
(3) 团队展示过程有创意、有特色。

任务内容

活动:"讲汽车钣金与涂装专业的故事"

随着汽车工业的高速发展,汽车已经进入寻常百姓家,汽车保有量的增加,使得道路变得越来越拥挤,交通事故的发生概率增大,在发生刮蹭、追尾等碰撞过程中,损坏最严重的往往是车身,车身修复成了汽车维修行业的一个经济效率点。因此,每年都需要大量的汽车钣金喷漆技术人员。

活动场景

根据宿舍安排划分学习小组,组长根据学生的性格特点、特长、优点进行学习任务的分工。要求分工明确,能够发挥个人所长。利用手机、学习资料等资源,说说汽车钣金与涂装专业的发展与现状。

活动目标

(1)每个团队能将任务分工明确,执行过程井然有序。
(2)能将资料收集完整、全面,并将收集的资料进行有创意的展示。
(3)讲故事过程中应用普通话表达,语速合适,仪态大方。

活动计划

1. 分工

1 名讲述人:_____   1 名导演:_____
2 名书面策划:_____   2 名资料收集:_____

2. 设备准备

_____

3. 资料准备

_____
_____
_____

活动资源

汽车钣金与涂装专业发展现状

2020 年,我国汽车保有量突破 2 亿辆。虽然交通道路基础设施不断完善,但汽车保有量的突飞猛进,导致道路交通压力依然很大,尤其是早高峰、晚高峰道路堵塞已成常态(图 1-2-1)。

由于车流密度的增大，车辆剐蹭、碰撞事故发生概率升高（图1-2-2）。因此，汽车车身修复专业成为汽车后市场的一大业务支撑点。

图1-2-1　城市道路现状　　　　图1-2-2　车辆剐蹭事故

汽车保有量的增加，为汽车后市场带来了巨大的发展机遇。与此同时，汽车车身技术发展迅速，新材料、新技术、新工艺不断被应用于车身结构中。现代汽车车身除了满足强度和使用寿命的要求外，还应满足性能、外观、安全、环保、节能、轻量化等方面的要求。因此，高强度钢板、表面处理钢板、有色金属材料的使用量越来越多，非金属材料，如高性能工程塑料、复合材料等的使用量也在逐步增加（图1-2-3）。随着车辆设计和生产工艺方法的发展和创新，车身修理技术更新迅速，高技能人才严重短缺。

■ 高压铸铝，车身质量占比21%
■ 挤出铝材，车身质量占比14%
□ 冲压铝板，车身质量占比23%
■ PHS热成型高强度钢，车身质量占比10%
■ 普通钢板，车身质量占比32%
注：CT6车身使用了11种材质，铝材用量达到了57.72%，白车身质量为370~380kg

图1-2-3　车身新材料

汽车钣金也叫作车身修理，是指汽车发生碰撞后对车身进行修复，除对车身进行防腐和装饰的喷涂工作外的其他所有工作。例如，汽车车身损失的分析，汽车车身的测量(图1-2-4),汽车车身钣金的整形、拉伸矫正(图1-2-5),去应力焊接,以及汽车车身附件装配、调整等工作。

图1-2-4　汽车车身测量系统

图1-2-5　车身拉伸矫正

活动展示

以演讲的形式开展本次活动。

活动评价

活动评价表见表1-2-1。

活动评价表　　　　表1-2-1

评分项	是否达到目标（30%）	活动表现（40%）	职业素养（30%）
评价标准	1. 完全达到； 2. 基本达到； 3. 未能达到	1. 积极参与； 2. 主动性一般； 3. 未积极参与	1. 大有提高； 2. 略有提高； 3. 没有提高
自我评价(20%)			
组内评价(20%)			
组间评价(30%)			
教师评价(30%)			
总分(100%)			
自我总结			

项目一　汽车钣金与涂装专业概述

任务三　了解汽车钣金与涂装专业发展趋势

任务目标

(1) 能熟练介绍汽车钣金与涂装专业发展趋势。
(2) 每个团队能将任务分工明确，执行过程井然有序。
(3) 团队展示过程有创意、有特色。

任务内容

活动："我们的未来不是梦"

活动场景

根据宿舍安排划分学习小组，组长根据学生的性格特点、特长、优点进行学习任务的分工。要求分工明确，能够发挥个人所长。利用手机、学习资料等资源，说说汽车钣金与涂装专业发展未来。

活动目标

(1) 每个团队能将任务分工明确，执行过程井然有序。
(2) 能将资料收集完整、全面，并将收集的资料能有创意的展示。
(3) 讲故事过程中应用普通话表达，语速合适，仪态大方。

活动计划

1. 分工

1 名讲述人：_____　　　1 名导演：_____
2 名书面策划：_____　　2 名资料收集：_____

2. 设备准备

_____

3. 资料准备

_____

_____

_____

_____

活动资源

汽车钣金与涂装专业的发展趋势

汽车碰撞修复已经由原始的"砸、拉、焊、补"发展成为车身二次制造装配。

碰撞事故车辆的修复不再是简单的汽车钣金的敲敲打打，修复质量也不能单靠肉眼去观察车辆的外观、缝隙等。维修人员不仅要了解车身的技术参数和外形尺寸，更要掌握车身材料特性、受力的特性、受力后车身变形趋势和受力点以及车身的生产工艺（如焊接工艺）等。在掌握这些知识的基础上，维修人员还要借助先进的测量工具，通过精准的车身三维测量，以判断车身直接或间接受损变形的情况，以及因车身变形存在的隐患，制订完整的车身修复方案，然后配合正确的维修工艺与准确的车身各关键点的三维尺寸数据，将车身各关键点恢复到原有的位置，将受损车身恢复到出厂时的状态（图1-3-1）。

图1-3-1 车身测量损失分析

涂装材料、涂装工艺、涂装设备、涂装管理是汽车涂装的四大要素，这四个要素之间相辅相成，促进了涂装工艺和技术的进步与发展。汽车零部件的涂装是汽车制造过程中能耗最高、产生三废最多的环节之一，因此，减少涂装公害、降低涂装成本、提高涂装质量一直是涂装技术发展的主题。

21世纪，全球关注环境保护，绿色持续发展是社会发展的主题。新涂装材料的应用也对汽车维修行业提出了新的挑战。但汽车涂装专业受人们传统思想的影响，还滞留在高污染、高风险职业阶段，而涂装专业人才稀缺，且岗位流动性大，这些都不利于涂装专业的持续发展。

目前,水性环保涂料应用以及抽排过滤空气系统的使用,大大改善了喷涂工作环境,外加合理、专业的安全防护措施(图1-3-2)以及规范的操作流程,也进一步降低了涂装作业对人身伤害的程度。

我国涂装技术与国际水平的差距在不断缩小,但发展不均衡,主要体现在清洁生产技术方面,而且汽车涂装生产的关键设备主要依赖进口设备。

图 1-3-2 汽车涂装作业安全防护

活动展示

以演讲的形式开展本次活动。

活动评价

活动评价表见表 1-3-1。

活动评价表　　　　　　　　表 1-3-1

评分项	是否达到目标 (30%)	活动表现 (40%)	职业素养 (30%)
评价标准	1. 完全达到; 2. 基本达到; 3. 未能达到	1. 积极参与; 2. 主动性一般; 3. 未积极参与	1. 大有提高; 2. 略有提高; 3. 没有提高
自我评价(20%)			
组内评价(20%)			
组间评价(30%)			
教师评价(30%)			
总分(100%)			
自我总结			

项目二　汽车钣金与涂装专业人才培养概述

任务一　认识工作岗位

（1）能熟练描述汽车钣金与涂装专业所能从事的就业岗位以及工作内容。
（2）能熟练描述汽车钣金与涂装专业所对应的岗位及岗位职责。

活动：我是人资小专员，我来组织招聘会

据公安部统计，2020年，全国机动车保有量达3.72亿辆（图2-1-1），其中汽车2.81亿辆；机动车驾驶人达4.56亿人，其中汽车驾驶人达4.18亿人。2020年，全国新注册登记机动车3328万辆，新领证驾驶人2231万人。随着汽车数量的剧增，道路更显得拥挤，再加上我国驾车新手较多，汽车碰撞、刮蹭现象也在增加。这种形式的上涨势必给汽车行业带来不小的影响，汽车碰撞首先受损的是车身。当今汽车形态各异、色彩斑斓，加之人们爱车心切，钣金喷漆行业需求剧增、利润颇丰，从前端的汽车销售到后期的汽车维护，促使汽车钣喷行业就业前景一片大好。在开始学习专业课之前对自己的专业岗位工作内容和岗位职责有一个了解至关重要。

活动场景

某汽车4S店由于业务扩展，新开了一个汽车4S店，现钣金喷漆岗位人手不足需要招贤纳士，作为该4S店的人事部门，你需要制作招聘简章，并且顺利完成招聘任务。

项目二　汽车钣金与涂装专业人才培养概述

机动车数据(数据来源：公安部)　黄色数据为延伸计算数据

指标	单位	2014	2015	2016	2017	2018	2019	2020	2018年增速	2019年增速	2020年增速
全国机动车保有量	亿辆	2.64	2.79	2.9	3.1	3.27	3.48	3.72	5.5%	6.4%	6.9%
全国汽车保有量	亿辆	1.54	1.72	1.94	2.17	2.4	2.6	2.81	10.6%	8.3%	8.1%
汽车占机动车比率	%	58.6%	61.8%	66.9%	70.0%	73.4%	74.7%	75.5%	4.8%	1.8%	1.1%
新注册登记机动车数量	万辆	2777	3115	3252	3352	3172	3214	3328	−5%	1.3%	3.6%
新注册登记汽车数量	万辆	2188	2385	2752	2813	2673	2578	2424.06	−5.0%	−3.6%	−6.0%
新注册登记汽车增速	%		9.0%	15.4%	2.2%	−5.0%	−3.5%	−6.0%			
新注册登记载货汽车						326	416				18.4%
汽车保有量净增	万辆	1707	1781	2212	2304	2285	2122	2100	−0.8%	−7.1%	−1.0%
载货汽车保有量	万辆					2342	2570				
汽车报废测算	万辆	481	604	540	509	388	456	324	−23.8%	17.6%	−29%

图 2-1-1　2020 年中国汽车保有量

活动目标

(1) 能团队合作查阅资料，制作招聘简章。
(2) 能用普通话流利讲解汽车钣金涂装的就业岗位、工作内容和岗位职责。
(3) 能顺利组织完成招聘会，并找到满意的人才。
(4) 要求：
① 招聘会"剧本"合理、完整。
② 介绍时能用普通话，仪态大方、得体。
③ 招聘简章内容清晰完整、通俗易懂。

活动计划

1. 分工
2 名资料收集员：＿＿＿＿＿＿　　1 名策划：＿＿＿＿＿＿
1 名人资专员：＿＿＿＿＿＿　　　1 名导演：＿＿＿＿＿＿
1 名记者：＿＿＿＿＿＿

2. 设备准备

＿＿＿＿＿＿＿＿＿＿＿＿＿＿＿＿＿＿＿＿＿＿＿＿＿＿＿＿＿＿

3. 资料准备

＿＿＿＿＿＿＿＿＿＿＿＿＿＿＿＿＿＿＿＿＿＿＿＿＿＿＿＿＿＿
＿＿＿＿＿＿＿＿＿＿＿＿＿＿＿＿＿＿＿＿＿＿＿＿＿＿＿＿＿＿
＿＿＿＿＿＿＿＿＿＿＿＿＿＿＿＿＿＿＿＿＿＿＿＿＿＿＿＿＿＿

活动资源

一、就业岗位

(1) 4S 店中担任车身修复维修、技术顾问。

岗位要求：①运用标准工艺和防护，利用原子灰完成对汽车形状的恢复和塑造，中涂底漆的调配和喷涂，以及素色、银粉、珍珠油漆的喷涂。②理解各种油漆品牌的色母特性，完成汽车油漆颜色调色。4S 店实景图如图 2-1-2 所示。

图 2-1-2　4S 店

(2) 主机厂中(汽车制造厂)主要从事车身涂装检测、喷涂操作、质检等工作(图 2-1-3)。

图 2-1-3　主机厂岗位

(3) 喷漆相关专业培训机构、设备公司中担任培训师等培训工作。

(4) 外资企业中担任销售或技术顾问等，负责销售汽车钣金涂装设备、耗材、油漆等的销售工作。岗位要求：需要熟练掌握设备和油漆的使用操作。

(5) 涂装设备企业中担任销售或技术顾问等。

二、薪资待遇

我国汽车消费市场日趋成熟,当前喷漆专业人才十分稀缺,随着汽车时代潮流产生的巨额利润,汽车涂装行业可谓前景喜人,同时薪资也是非常可观的。钣喷工作人员薪资待遇分析图如图 2-1-4 所示。

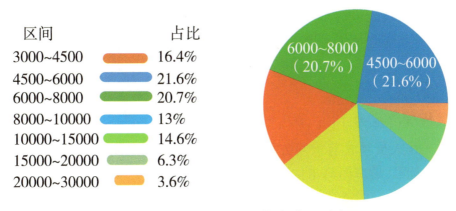

图 2-1-4　钣喷工作人员薪资待遇分析图

三、钣喷技师的晋升途径(成长历程)

1.时间方面

毕业生实际在工作岗位的时间(图 2-1-5):学徒工(6 个月左右)→中级工(1~2 年)→高级工(3~4 年)→技师(5 年)→创业(5 年以上)。

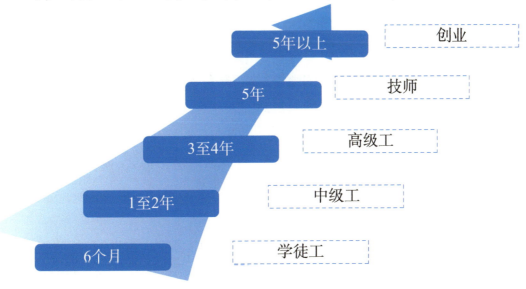

图 2-1-5　毕业生实际在工作岗位的时间

2. 技能方面

（1）学徒工技能包括汽车钣金件的拆装、汽车原子灰刮涂打磨、中涂底漆喷涂、汽车遮蔽、汽车清洗。

（2）中级工技能包括车身的焊接、车身覆盖件的维修、车身附件的维修、汽车金属漆喷涂、清漆喷涂、汽车抛光。

（3）高级工技能包括车身结构件的维修、三工序珍珠漆喷涂、汽车调色。

（4）技师技能包括车身测量、大事故车的维修、汽车过度修补、汽车彩绘。

四、岗位职责

1. 现场管理能力

钣喷工作人员须具有钣喷方面管理知识，对钣喷车间的布局、设备、现场有控制方法及标准，使车间与工位达到7S标准（图2-1-6）。

a) 未达标准　　　　　　　　b) 达标准

图 2-1-6　现场管理能力

2. 工艺标准及操作规范

（1）板件修复平整性好，节约喷涂材料，避免浪费、高效率施工。

（2）标准工艺流程准确，维修质量强。

3. 设备维护及时到位

制订设备维护计划，完善日常检查项目，不能流于形式，避免因日常维护不到位导致设备出现故障，影响生产。

4. 具有自我防护意识

了解对人身伤害方面的知识，防范性意识强，自我约束性强；按照正确的防护标准进行安全防护（图2-1-7）。

a) 标准安全防护　　　　　　　b) 不标准安全防护

图 2-1-7　安全防护

活动展示

教师审核策划方案,让学生以小组为单位展示,其他组成员可参与应聘。

活动评价

活动评价表见表 2-1-1。

活动评价表　　　　　　表 2-1-1

评分项	是否达到目标 （30%）	活动表现 （40%）	职业素养 （30%）
评价标准	1. 完全达到; 2. 基本达到; 3. 未能达到	1. 积极参与; 2. 主动性一般; 3. 未积极参与	1. 大有提高; 2. 略有提高; 3. 没有提高
自我评价（20%）			
组内评价（20%）			
组间评价（30%）			
教师评价（30%）			
总分（100%）			
自我总结			

任务二　明确能力需求

任务目标

(1) 能简单概括汽车钣金与涂装专业所对应的岗位群的培养目标。
(2) 能正确描述通用职业能力所包含的职业素质、专业能力、岗位能力、方法能力、社会能力。

任务内容

活动一：我来做店长——角色扮演专业培养目标调研活动

汽车钣金与涂装专业培养目标必须符合区域经济发展需求、行业特征、产业结构、职业要求，根据行业发展进行专业定位，以学生就业为导向确定人才培养目标。

活动场景

根据上一节课了解的本专业岗位群及岗位职责，假设你是一位汽车钣金与涂装店的店长，你将如何确定店里各岗位的培养目标，各岗位人员最终达到什么样的水平，才能使你的店实现经济效益最大化。

活动目标

(1) 能正确说出本专业的培养目标。
(2) 能设计、填写《岗位群—培养目标对照表》。

活动计划

1. 分工（角色扮演总结本角色专业培养目标）

店长：_____　　财务部：_____
技术部：_____　　喷漆技师：_____

美容技师：＿＿＿＿＿＿＿＿＿＿　　钣金技师：＿＿＿＿＿＿＿＿＿＿

快保技师：＿＿＿＿＿＿＿＿＿＿　　营销专员：＿＿＿＿＿＿＿＿＿＿

二手车业务员：＿＿＿＿＿＿＿　　保险专员：＿＿＿＿＿＿＿＿＿＿

2.《岗位群－培养目标对照表》设计

＿＿＿＿＿＿＿＿＿＿＿＿＿＿＿＿＿＿＿＿＿＿＿＿＿＿＿＿＿＿＿＿＿＿

活动资源

汽车钣金与涂装专业培养目标

（1）本专业培养理想信念坚定，德、智、体、美、劳全面发展，具有一定的科学文化水平，良好的人文素质、职业道德和创新意识，精益求精的工匠精神，较强的就业能力和可持续发展的能力专业技术人员。

（2）具有良好的职业道德素质和团队精神。

（3）能独立学习与职业相关的新技术、新知识，对社会、企业和客户有强烈的责任意识，成为具有职业生涯发展基础的应用性高技能专业技术人员。

（4）掌握汽车维护、汽车钣金与涂装、汽车配件管理员等职业岗位所必备的基本知识，具备汽车钣金与涂装技术服务与管理基本能力，具有创新意识与创业能力。

活动实施

一、实地考察　收集信息

带领学生参观校企合作企业中的汽车车身维修店，了解汽车车身修复岗位人员配置，按分工角色详细了解各岗位职责以及胜任岗位必须具备的能力。记录所获信息，填写《岗位群—培养目标对照表》。

二、组内交流

各小组对所收集的资料信息进行交流。讨论作为一名汽车钣金与涂装店的管理者，对于各岗位的培养目标所掌握的信息是否充分？要在哪些方面做些修改或补充？随后完善《岗位群—培养目标对照表》，填写自评表和互评表。

活动展示

（小组调研结果交流展示）

各小组通过PPT对活动调研成果进行展示，同时回答其他组员提出的问题。

活动评价

1. 成果展示之后开展组间互评，各小组长和教师填写《专业培养目标调研评价表》（表2-2-1），给各小组调研成果评分，最终评出优秀调研成果。

《专业培养目标调研评价表》　　　表2-2-1

评分项	是否达到目标（30%）	活动表现（40%）	职业素养（30%）
评价标准	1. 完全达到； 2. 基本达到； 3. 未能达到	1. 积极参与； 2. 主动性一般； 3. 未积极参与	1. 大有提高； 2. 略有提高； 3. 没有提高
自我评价(20%)			
组内评价(20%)			
组间评价(30%)			
教师评价(30%)			
总分(100%)			
自我总结			

2. 组员间评比。通过前面各组填写的《岗位群—培养目标对照表》，结合教师评价，选出各小组的角色扮演明星。

活动二："汽车钣金与涂装"大国工匠知多少

当今世界已进入全球化时代，随着社会产业升级，劳动力结构变化，过去单一的专业知识技能已无法满足社会经济发展的需求。随着职业更迭的加快,对职业的适应性要求越来越高,通用职业能力成为人们学会生存和获取可持续发展的原动力。

活动场景

1. 通过各种途径搜集"汽车钣金与涂装"行业内的大国工匠,分组讨论大国工匠的成长历程、性格特点、成功途径、职业能力,总结他们身上值得我们学习的优良品质。

2. 结合大国工匠身上的优良品质,分析自己的性格特点以及走上工作岗位后应具备的职业能力。

活动目标

(1) 能正确说出通用职业能力的核心内容。
(2) 能进行自我学习,总结学习内容,提出具有一定深度的问题。
(3) 能正确定位自己,并面对性格缺点,发现自己的优点。

活动计划

1. 分工搜集"汽车钣金与涂装"大国工匠相关资料,并总结大国工匠的成长历程、性格特点、成功途径、职业能力(职业素质、专业能力、岗位能力、方法能力、社会能力)。

成长历程:_____
性格特点:_____
成功途径:_____
职业能力(职业素质):_____
职业能力(专业能力):_____
职业能力(岗位能力):_____
职业能力(方法能力):_____
职业能力(社会能力):_____

2. 正确定位自己(自我介绍),主要包括:性格缺点、优点;自身具备哪些职业能力使自己能胜任社会岗位;对比自己与大国工匠的职业能力的方面差别有多大?

> 活动资源

通用职业能力

1. 职业素质

(1) 热爱社会主义祖国和社会主义事业,拥护党的基本路线,在习近平新时代中国特色社会主义指引下,践行社会主义核心价值观,具有深厚的爱国情感和中华民族自豪感。

(2) 具有强烈的社会责任感、明确的职业理想和良好的职业道德,勇于自谋职业和自主创业,能自觉遵守行业法规、规范和企业规章制度。

(3) 具有健康的体魄和良好的心理素质,能胜任本专业岗位的工作,能在工作中讲求协作,对在竞争中遭遇的挫折具有足够的心理承受能力,能在艰苦的工作中不怕困难、奋力进取,不断激发创造热情。

(4) 具有热爱劳动的观念,善于和劳动人民进行情感沟通,了解劳动知识,掌握劳动本领,有从事艰苦工作的思想准备。

(5) 具有良好的人际交往与团队协作能力。

(6) 具有积极的职业竞争和服务的意识。

(7) 具有较强的安全文明生产与节能环保的意识。

2. 专业能力

(1) 了解汽车专业英语知识。

(2) 掌握汽车发动机、底盘、车身电气、空调的结构和工作原理。

(3) 掌握汽车机械基础知识,并能进行简单的钳工作业。

(4) 掌握汽车电工电子基础知识,能识读汽车电路图,并能进行简单电路零部件的检测。

(5) 学会使用汽车维修设备说明书和汽车维修技术资料。

(6) 掌握汽车维修业务接待流程及基本知识。

(7) 熟悉汽车内、外清洁的作用、流程,并能进行操作,会选用设备材料。

(8) 掌握汽车钣金与涂装常见项目的产品选用和设备使用,能进行常规操作。

(9) 掌握汽车钣金与涂装常见项目的产品选用、设备使用,能进行常规操作。

(10) 了解国内汽车钣金与涂装专业的法律、法规要求和发展趋势。

(11) 能进行汽车钣金与涂装作业施工的成本估算和费用结算。

(12) 了解汽车钣金与涂装企业机构设置和岗位职责。

(13) 能对本人完成的作业内容进行质量检验和评价。

(14) 具备专业必需的汽车钣金、汽车涂装等技术应用能力。

(15) 个人知识、能力、素质协调发展,能独立分析和解决问题。

3. 岗位能力

(1) 掌握汽车钣金与涂装作业合格标准,能对顾客提出的问题进行解答。

(2) 具有安全、文明生产和环境保护的相关知识和技能。

(3) 遵循国家与行业标准的规范要求,对已完成工作进行记录;遵守事故防护规章。

4. 方法能力

(1) 具有通过网络、文献等不同途径获取信息,并进行信息处理的能力。

(2) 具有制订工作计划、解决实际问题的能力。

(3) 具有独立学习获取新知识和新技能的能力。

(4) 具有一定的自我控制、管理、评估及总结工作结果的能力。

5. 社会能力

(1) 具有团队合作、沟通协调、人际交往能力、客户服务意识。

(2) 具有良好的语言能力、文字表达能力和沟通能力,能通过语言表达让客户清楚维修作业的目的和为客户提供用车建议,能通过语言或书面表达方式就工作任务与合作人员或部门之间进行沟通。

(3) 具有较强的社会适应性。

(4) 具有良好的职业道德,社会责任感强,遵纪守法。

活动实施

1. 阅读观察,收集信息

教师带领学生观看汽车钣金与涂装专业领域内大国工匠的相关经典视频,阅读相关资料介绍,进一步了解大国工匠们的性格特点,分析他们成功的秘籍,总结他们所具有的核心职业能力。

2. 组内交流

各小组对所收集的资料信息进行交流。讨论在此次活动中的收获,总结提炼大国工匠所具有的相关通用职业能力,并填写计划中的成长历程、性格特点、成功途径、职业能力表格和自我评价表格。

活动展示

(小组讨论结果交流展示)

各小组通过PPT或展示卡纸对讨论结果进行展示,同时能回答其他组员提出的相关问题。

活动评价

活动评价表见表2-2-2。

活动评价表　　　　表2-2-2

评分项	是否达到目标 (30%)	活动表现 (40%)	职业素养 (30%)
评价标准	1.完全达到; 2.基本达到; 3.未能达到	1.积极参与; 2.主动性一般; 3.未积极参与	1.大有提高; 2.略有提高; 3.没有提高
自我评价(20%)			
组内评价(20%)			
组间评价(30%)			
教师评价(30%)			
总分(100%)			
自我总结			

任务三　了解课程设置

任务目标

（1）能熟练说出汽车钣金与涂装专业所开设的课程。
（2）能简单介绍汽车钣金与涂装专业各个课程所开设的目的。
（3）能详细介绍汽车钣金与涂装专业专业课的开设目的，并结合目的简单说说自己对专业课的了解。

任务内容

活动："我的课程"我来说，视频制作比赛

活动场景

新生家长到学院招生就业处想了解一下汽车钣金与涂装专业开设的具体课程以及课程开设的目的。请用你的方式选择汽车钣金与涂装专业中的一门课程给新生家长介绍一下，让其对这门课程能有深刻印象，并将介绍的过程用视频的形式记录下来。

活动目标

能用普通话流利地给新生家长介绍汽车钣金与涂装专业中的一门课程的开设目的，并将介绍过程（视频、照片）合成 1 分钟左右视频。
视频要求：
（1）"剧本"合理、完整。
（2）介绍时能用普通话，仪态大方、得体。
（3）视频完整、清晰。

活动计划

1. 分组

将学生分成若干小组，每组选取汽车钣金与涂装专业中的一门课程，各小组

选取的课程不能重复。

2. 分工

2 名新生家长：＿＿＿＿＿＿＿＿　　1 名介绍人员：＿＿＿＿＿＿＿＿

1 名摄像：＿＿＿＿＿＿＿＿　　　　1 名拍照人员：＿＿＿＿＿＿＿＿

1 名导演：＿＿＿＿＿＿＿＿　　　　1 名编剧：＿＿＿＿＿＿＿＿

后期制作：＿＿＿＿＿＿＿＿

3. 设备准备

＿＿＿＿＿＿＿＿＿＿＿＿＿＿＿＿＿＿＿＿＿＿＿＿＿＿＿＿＿＿＿＿＿

4. 剧本准备

＿＿＿＿＿＿＿＿＿＿＿＿＿＿＿＿＿＿＿＿＿＿＿＿＿＿＿＿＿＿＿＿＿

＿＿＿＿＿＿＿＿＿＿＿＿＿＿＿＿＿＿＿＿＿＿＿＿＿＿＿＿＿＿＿＿＿

＿＿＿＿＿＿＿＿＿＿＿＿＿＿＿＿＿＿＿＿＿＿＿＿＿＿＿＿＿＿＿＿＿

教师考核

小游戏："找到它的好朋友"

将汽车钣金与涂装专业中的每一门课程名称制作成小卡片，将每一门课程的开设目的也制作成小卡片。每一门课程名称和这门课程的开设目的是"好朋友"，请学生为每一门课程名称找到它的"好朋友"。

活动评价

评价环节包括评价方法、谁是评委、填写活动评价表（表2-3-1）等。

活动评价表　　　　表2-3-1

评分项	是否达到目标 （30%）	活动表现 （40%）	职业素养 （30%）
评价标准	1. 完全达到； 2. 基本达到； 3. 未能达到	1. 积极参与； 2. 主动性一般； 3. 未积极参与	1. 大有提高； 2. 略有提高； 3. 没有提高

项目二 汽车钣金与涂装专业人才培养概述

续上表

自我评价(20%)			
组内评价(20%)			
组间评价(30%)			
教师评价(30%)			
总分(100%)			

活动资源

一、汽车钣金与涂装专业主要开设课程

汽车钣金与涂装专业课程设置主要分为专业课、专业基础课和公共课三部分,各部分的课程设置情况见表2-3-2～表2-3-4。

专业课的课程设置　　　　　　　　表2-3-2

序号	课程名称	序号	课程名称
1	汽车钣金与涂装	4	汽车维护
2	汽车发动机构造与维修	5	汽车电气设备
3	汽车底盘构造与维修	6	汽车装饰与美容

专业基础课的课程设置　　　　　　表2-3-3

序号	课程名称	序号	课程名称
1	机械识图	4	电工与电子基础
2	汽车文化	5	汽车材料
3	机械基础		

公共课的课程设置　　　　表2-3-4

序号	课 程 名 称	序号	课 程 名 称
1	思政	6	职业生涯规划
2	语文	7	就业指导
3	数学	8	安全
4	体育	9	汽车维修企业管理
5	计算机		

二、各课程开设的目的

（一）专业课

1.汽车钣金与涂装

本课程旨在帮助学生掌握现代汽车车身维修技能和专业知识，掌握车辆车身修复等汽车维修岗位工作任务，掌握汽车喷涂技术流程。汽车板件更换、汽车板件修复、汽车涂装流程、汽车涂装调色等，如图2-3-1。

调色工艺

图2-3-1　钣金、喷漆、调色实际操作流程

2.汽车发动机构造与维修

本课程开设的目的是通过学习，促使学生掌握发动机的燃烧过程及相关的

热力学知识,掌握发动机曲柄连杆机构、配气机构、点火系统、起动系统、发动机冷却系统、润滑系统、燃油供给系统、进排气系统的构造、工作原理、检修和故障诊断等知识,并具备发动机的装配调试和发动机综合故障诊断的能力,如图2-3-2所示。

图2-3-2　汽车发动机构造与维修

3. 汽车底盘构造与维护(图2-3-3)

本课程是一门汽车维修专业必修课,是学生掌握汽车基本结构和基本工作原理的入门课程,以培养学生熟悉汽车各总成结构、工作原理、拆装、检测与调整为主要目的,为后续专业课程的学习和将来从事与汽车相关的工作打下必要的专业基础。该课程为后续专业课程的学习打下必要的专业基础,这样才能为后续学习其他专业课程创造条件。后续课程有汽车发动机构造与维修、汽车保养与维护、汽车故障诊断技术等专业课程。

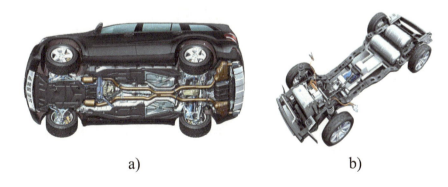

a)　　　　　　　　　　b)

图2-3-3　汽车底盘构造与维护

4. 汽车维护(图2-3-4)

汽车维护是技工类院校汽车维修专业的一门专业课程。本课程的开设目的

图 2-3-4　汽车维护

是培养学生的职业岗位基本技能,并为进一步培养学生的职业岗位综合能力和关键能力奠定坚实基础。通过一体化教学活动,使学生具备汽车维护的技能,初步形成一定的学习能力和实践能力,培养学生诚实、守信、善于沟通和合作的品质,树立环保节能和安全意识。

5. 汽车电气设备(图 2-3-5)

本课程是技工类院校汽车维修专业的一门专业基础课,本课程的开设的目的是使学生系统地掌握汽车电器的构造、工作原理、工作特性,正确使用各类汽车电器的方法,了解现代汽车电器的发展方向,为学习汽车构造等专业课程和毕业后所从事的工作打下基础。

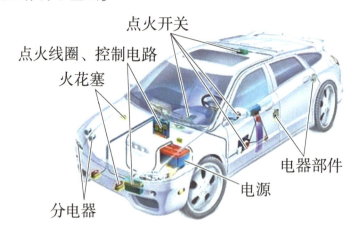

图 2-3-5　汽车电气设备

6. 汽车装饰与美容(图 2-3-6)

本课程主要是针对汽车各部位不同材质所需的维护要求,利用专业美容系列高科技技术设备,采用不同性质的汽车美容护理产品及施工工艺,对汽车进行全新保养护理,不仅能使汽车焕然一新,保持艳丽的光彩,更能达到旧车全面彻底翻新、新车保值、延寿增益的功效。

(二) 专业基础课

1. 汽车机械识图

本课程是技工院校汽车类专业的一门重要专业基础课程,本课程的开设目的是使学生掌握机械制图的基本知识,能熟练阅读中等复杂程度的零件图和简单的装配图,能徒手绘制较简单的零件图和简单的装配图,了解机械制图国家标准和行业标准,培养空间想象力和以图表现物体三维特征的能力(图2-3-7),能进行简单零件测绘,养成严谨、细致的工作作风。

图2-3-6　汽车装饰与美容

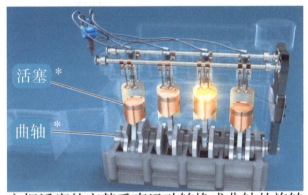

它把活塞的交替垂直运动转换成曲轴的旋转

图2-3-7　汽车零件三维立体图

2. 汽车文化

本课程是汽车专业的一门专业基础课程。本课程开设的目的是使学生了解汽车的产生与发展以及世界著名汽车公司等汽车知识,让学生全面地了解汽车、熟悉汽车、爱好汽车,从而培养学生对汽车相关知识的兴趣,提升学生的人文水平和综合素质,为继续学习其他专业课程准备了扎实的基础知识条件。

3. 汽车机械基础

本课程是技工院校汽车类专业的一门专业基础课程。本课程开设的目的是通过本课程的学习,可以将机械传动(图2-3-8)、常用机构、常用零件、液压传动

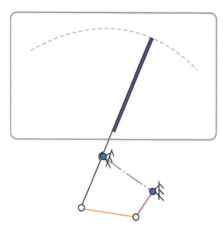

图 2-3-8　刮水器控制臂四连杆机构

等与汽车专业方面的知识和技能紧密结合起来,使学生掌握必备的机械基础知识和基本技能,懂得机械工作原理,为后续专业课程的学习奠定基础。

4.电工与电子基础

电工与电子技术已经广泛应用于生产和生活的各个领域,大部分汽车类专业也会涉及仪器仪表的使用和维护及其注意事项。开设电工与电子基础课程可以使学生具备所需的电路分析、模拟电子技术、电气控制技术等基本知识和基本技能,让学生更加安全、正确地使用和维护设备,并正确检修设备。此外,随着科技的发展,新能源电动汽车将会是未来趋势,学好电工与电子基础课程为学生掌握职业技能、提升全面素质、增强职业应变能力和继续学习的能力打下一定的基础。

5.汽车材料

本课程是技工院校汽车类专业的一门重要专业基础课程,通过该课程的学习,学生初步掌握汽车常用金属材料、非金属材料和汽车运行材料的性能、分类、品种、牌号和主要规格,以及合理选择、正确使用汽车材料的基本知识和相关技能,为今后从事汽车类工作打下基础。

(三) 公共课

1.思政

为深入贯彻落实习近平总书记关于教育的重要论述和全国教育大会精神,把思想政治教育贯穿人才培养体系,全面推进思政建设,发挥好每门课程的育人作用,提高人才培养质量,特开设思政课程。

2.语文

语文作为中职学校必修的文化基础课,其在专业中的性质、作用、地位:语文是最重要的交际工具,是人类文化的重要组成部分,工具性与人文性的统一,是语文课程的基本特点。语文课程是中等职业学校学生必修的一门公共基础课。本课程旨在指导学生正确理解与运用祖国的语言文字,注重基本技能的训练和思维发展,加强语文实践,培养语文的应用能力,为综合职业能力的形成,以及继续学习奠定基提高学生的思想道德修养和科学文化素养,弘扬民族优秀文化和吸收人类进步文化,为培养高素质劳动者服务。

中职语文课程要在九年义务教育的基础上,培养学生热爱祖国语言文字的思想感情,使学生进一步提高正确理解与运用祖国语言文字的能力,提升科学文化素养,以适应就业和创业的需要。遵循技术技能人才成长规律,彰显职教特色,加强教学内容与社会生活、职业生活的联系,突出语文实践;注重语文课程与专业课程的融通与配合,指导学生学习必需的语文基础知识,掌握日常生活和职业岗位需要的现代文阅读能力、写作能力、口语交际能力。

3. 数学

数学教育作为教育的组成部分,在发展和完善人的教育活动中、在形成人们认识世界的态度和思想方法方面、在推动社会进步和发展过程中起着至关重要的作用。在现代社会中,数学教育是终身教育的重要方面,它是公民进一步深造的基础,是终身发展的需要。数学教育在中等职业教育中占有重要的地位,它使学生掌握数学的基本知识、基本技能、基本思想方法,使学生表达清晰、思考有条理,使学生具有实事求是的态度,使学生学会用数学的思考方式去认识世界、解决问题。

中等职业教育的培养目标是培养在生产、服务和管理第一线工作的初、中级专门技术人才和高素质劳动者。具体来说,以培养综合职业能力为核心,使学生具备良好的思想素质、一定的科学文化素质、健康的心理以及适应就业需要的职业素质。

数学课程的任务如下:

(1)提升学生的数学素养,使学生掌握社会生活所必需的一定的数学基础知识和基本运算能力以及基本计算工具的使用能力,培养学生的数学思维能力,发展学生的数学应用意识。

(2)为学生学习职业知识和形成职业技能打下基础。

(3)为学生接受继续教育、终身教育和自我发展、转换职业岗位提供必要的条件。

(4)以代数、角的主要内容为基础,注重与生活实际和专业课程学习的联系,增加趣味性与可读性,降低数学知识的系统性要求,降低推理和证明的难度,强调低起点、可接受、重应用的原则,使学生愿意学,学得懂,学了会用,让不同数学基础的学生都能获得不同程度的提高,注重提高学生的数学思维能力,强调数学思想方法的应用,以利于激发学生学习数学的兴趣,发展学生的数学应用意识。

4. 体育

体育课程是中等职业院校各类专业学生必修的文化基础课。

体育课程旨在全面提升学生身体素质，锻炼身体基本活动能力，增进学生身心健康，培养学生从事未来职业所必需的体能和社会适应能力；使学生掌握必要的体育与卫生保健基础知识和运动技能，增强体育锻炼与保健意识，了解一定的科学锻炼和娱乐休闲方法；注重学生个性与体育特长的发展，提高学生自主锻炼、自我保健、自我评价和自我调控的能力，为学生终身锻炼、继续学习与创业立业奠定基础。

通过体育教学，进行爱国主义、集体主义和职业道德与行为规范教育，提高学生社会责任感。

5. 计算机

本课程的目的，在于通过本课程的学习，使学生在基本掌握计算机基础知识的基础上，理解计算机的常用术语和基本概念；学生能较熟练地使用 Windows 操作平台，熟练掌握 Office 主要办公软件，对音频、视频、动画等信息能进行简单的处理，掌握网络的入门知识。通过对本课程的学习，培养学生的自学能力和获取计算机新知识、新技术的能力，具有使用计算机工具进行文字处理、数据处理、信息获取的能力。

总之，本课程旨在培养学生掌握计算机应用的实际操作能力，对于各专业的学生来说，应具有熟练使用计算机操作系统、熟练办公软件、熟练上网操作的能力，以提高其综合素养。

6. 职业生涯规划

（1）知识目标：了解大学生就业形势；掌握职业生涯规划与设计的基本方法；掌握生涯决策、求职应聘等通用技能。

（2）能力目标：能实现职业态度转变，建立积极正确的职业态度；具备自我认识、自我规划的能力；掌握与同学、老师、上级、同事建立良好合作关系的方法和技巧。

（3）素养目标：树立积极的人生观、价值观、就业观、择业观和职业发展观；确立明确积极的人生目标和职业理想；培养敬业奉献精神和诚信守法意识。

7. 就业指导

（1）知识目标：了解国家及当地的就业形势、就业方针政策，把握职业选择的原则和方向；了解职业发展的阶段特点；认识自己的特性、职业的特性以及社会环境;掌握就业权益、劳动法规的相关知识;掌握基本的劳动力市场信息、相关的职业分类知识以及创业的基本知识,树立创业意识。

（2）能力目标:掌握信息搜索与管理技能;掌握求职的技巧和礼仪;能根据自身的条件、特点、职业目标、职业方向、社会需求等情况,选择适当的职业;提高自我探索能力、独立思考和勇于创新的能力;提高沟通技能、问题解决技能、自我管理技能、人际交往技能和团队协作精神等。

（3）素养目标:激发学生的社会责任感,增强学生自信心,树立正确的择业就业观和职业道德观;把个人发展和国家需要、社会发展相结合,确立职业的概念和意识,愿意为个人的生涯发展和社会发展主动付出积极的努力。

8. 安全

（1）知识目标:了解安全基本知识;了解校园安全隐患;掌握与安全问题相关的法律法规和校规校纪;明确危害安全的行为。

（2）能力目标:掌握各种不同安全问题的应对策略;掌握紧急情况下的逃生策略。

（3）素养目标:认识安全的必要性,树立正确的安全意识及安全防卫心理意识,增强社会责任感。

9. 汽车维修企业管理

（1）知识目标:掌握汽车维修企业管理概述;掌握企业管理的经营与策略;掌握企业的生产管理;掌握企业质量管理;掌握企业财务管理;掌握企业人力资源管理。

（2）能力目标:能对案例进行分析,并举一反三;能做到理论与实践相结合。

（3）素养目标:培养学生的团队协作精神和沟通能力;培养学生的语言表达能力和社会交往能力;增强学生的企业管理意识、提高学生的思维能力,自我学习和自我提升的能力;培养学生的职业道德观念、敬业精神和社会责任感。

任务四　熟悉保障措施

任务目标

（1）能熟练介绍汽车钣金与涂装专业技能训练场地。

（2）能简单介绍各优秀学生团队,能详细介绍至少1个最关注的团队。

(3)能简单介绍各社团组织,能详细介绍至少1个最关注的社团。

活动一:"我的地盘"我来说,视频制作比赛

实训中心是培养我们职业能力、技术应用能力的实践训练场所,主要模拟企业生产实践环境,培养可以胜任企业需要的职业操作技能。它对完成学习任务,达到学习目标起着重要的作用。

这里是我学习专业技能的起点,这里的全部都是助力我成才的伙伴,我会努力地了解他们、学习他们、呵护他们,我为有这些伙伴而骄傲,我愿意自豪地将他们介绍给大家。

活动场景

校外某单位领导到校想了解一下钣喷实训场地,请用自己的方式给领导们介绍一下,让他们对我们的实训场地能有深刻印象,最终将介绍的过程用视频的形式记录下来。

活动目标

(1)能用普通话流利地给参观人员介绍实训场地。
(2)能将介绍过程(视频、照片)合成2分钟左右视频。
(3)视频要求:
①"剧本"合理、完整。
②介绍时能用普通话,仪态大方、得体。
③视频完整、清晰。

活动计划

1.分工

2名领导:_____　　1名介绍人员:_____
1名摄像:_____　　1名拍照人员:_____
1名导演:_____　　1名编剧:_____

后期制作：_____

2.设备准备

_____

3.剧本准备

_____

_____

_____

活动资源

一、汽车钣喷实训中心

1. 汽车钣喷实训中心（图 2-4-1）

图 2-4-1　汽车钣喷实训中心

2. 雄厚的师资队伍

专业教师介绍（简介、视频、二维码）。

3. 汽车喷漆实训中心

1）实训场地（图 2-4-2）

汽车喷漆实训中心设在钣喷实训中心一楼，共有面积 $1000 m^2$，包括 3 个喷漆实训区、4 个整车前处理实训区、1 个调色实训区、1 个汽车彩绘实训区、1 个理论教室，实训工位共 26 个，同时可容纳近百人实训学习。

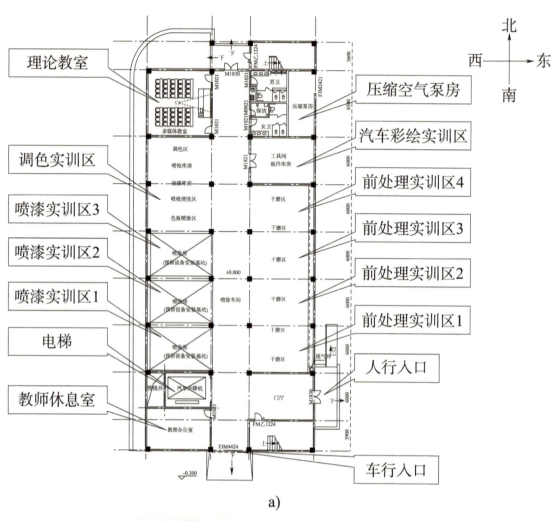

a)

b)

图 2-4-2 汽车喷漆实训中心

2)喷漆实训区

喷漆实训区配备3台中一轨道式水性油性两用电加热烤漆房(图2-4-3),既能与实际维修站生产贴近,又能满足多人同时操作的教学需要;采用电模块环保加热方式加热。

喷漆实训区配备有世界技能大赛汽车喷漆项目指定用德国 SATA 喷涂设备,包括萨塔 AB1 系统全面式供气面罩7套,洗枪机4台,底漆、面漆、清漆等各系列喷枪40余把(图2-4-4),可满足24人同时操作。

图 2-4-3　中一轨道式水性油性两用电加热烤漆房

a)

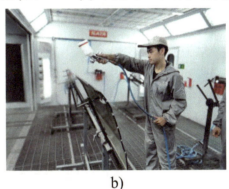

b)

图 2-4-4　德国 SATA 喷枪

3)前处理实训区

在前处理实训区,8个工位的德国费斯托中央集尘干磨设备(图2-4-5),配备在独立的可整车操作的打磨房中,既能与实际维修站生产贴近,又能满足多人同时操作的教学需要。德国费斯托干磨集尘设备是世界技能大赛汽车喷漆项目指定用设备。

a)

b)

图　2-4-5

c)

图 2-4-5　费斯托打磨设备

4)调色实训区

调色实训区有调色工位 12 个,配备有世界技能大赛指定用环保油漆,如德国巴斯夫鹦鹉水性漆、诺斌 66 系列水性漆(图 2-4-6)。

图 2-4-6　德国巴斯夫水性漆

5)校企合作企业简介

4. 汽车钣金实训中心

1)实训场地(图 2-4-7)

汽车钣金实训中心设在钣喷实训中心二楼,共有面积 1000m^2,包含 8 个板件更换实训区、8 个整覆盖件修复实训区、3 个车身校正实训区、1 个覆盖件拆装实训区、1 个铝车身修复实训区、1 个理论教室,实训工位共 24 个,同时可容纳近百人实训学习。

项目二 汽车钣金与涂装专业人才培养概述

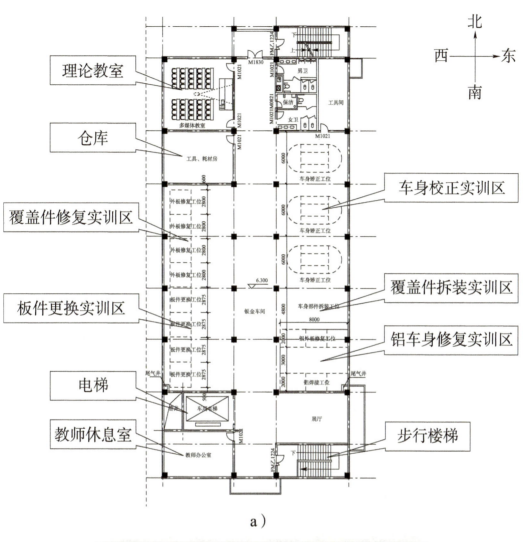

a)

b)

图 2-4-7 汽车钣金实训中心

2）板件更换实训区及覆盖件修复实训区

板件更换实训区及覆盖件修复实训区共有工位 16 个，主要配备的是麦特奔腾校企合作实训设备（图 2-4-8）。例如，配备的福尼斯焊机是奥地利进口的焊机，可焊接多种材料，如钢、不锈钢、铝等。

3）车身校正实训区

车身校正实训区有实训工位 3 个，配备有 3 台奔腾平台式车身校正仪（图 2-4-9）。例如，配备的平台式车身较正仪是一款通用型的车身校正设备，可以对各种类型、型号的车身进行有效的校正。

图 2-4-8　福尼斯焊接设备

图 2-4-9　奔腾车身校正仪

图 2-4-10　福尼斯铝焊接设备

平台式校正仪有多种类型，但一般配有两个或多个塔柱进行校正拉伸。这种拉伸塔柱为车身修理人员提供了很大的自由度，可在任意角度、任意高度、任何地方向上或向下进行拉伸。平台式校正仪同时配备有很好的通用测量系统，通过该测量系统精确的测量可指导校正拉伸工作准确、高效地进行。

4）铝车身修复实训区

铝车身修复实训区有工位 4 个，配备的福尼斯专业级铝焊接设备（图 2-4-10）操作简便，可满足各种铝车身的修复。

5）校企合作企业简介

活动展示

教师审核视频，学生以小组为单位在自媒体上展示，获取点赞量。

项目二　汽车钣金与涂装专业人才培养概述

活动评价

活动评价表见表 2-4-1。

活动评价表　　　　表 2-4-1

评分项	是否达到目标 （30%）	活动表现 （40%）	职业素养 （30%）
评价标准	1. 完全达到； 2. 基本达到； 3. 未能达到	1. 积极参与； 2. 主动性一般； 3. 未积极参与	1. 大有提高； 2. 略有提高； 3. 没有提高
自我评价（20%）			
组内评价（20%）			
组间评价（30%）			
教师评价（30%）			
总分（100%）			
自我总结			

活动二："优秀团队"视频制作

活动场景

校外某单位领导到校想了解一下我校一些优秀学生队伍，请用自己的方式给领导们介绍一下，让他们对我们的实训场地能有深刻印象，最终将介绍的过程用视频的形式记录下来。

活动目标

（1）能用普通话流利地给参观人员介绍各优秀团队和社团。

(2)能将介绍过程(视频、照片)合成 2 分钟左右视频。

(3)视频要求：

①"剧本"合理、完整。

②介绍时能用普通话,大方、得体。

③视频完整、清晰。

活动计划

1. 分工

2 名领导：_____　　　1 名介绍人员：_____

1 名摄像：_____　　　1 名拍照人员：_____

1 名导演：_____　　　1 名编剧：_____

后期制作：_____

2. 设备准备

_____

3. 资料准备

_____

_____

_____

_____

活动资源

1. 钣金喷漆训练团队(图 2-4-11)

汽车钣金喷漆团队是汽车学院优秀团队之一,他们努力拼搏、奋勇争先,多次在比赛中获奖。例如,荣获 2018 年"技能兴鲁"汽车涂装项目职工组第 3 名,学生组第 5 名,荣获 2019 年"技能兴鲁"车身修复项目职工组第 2 名,学生组第 2 名,荣获 2020 年"技能兴鲁"汽车涂装项目职工组第 2 名,学生组第 5 名,荣获 2020 年"技能兴鲁"车身修复项目职工组第 1 名,学生组第 5 名。

2. 国旗班

国旗班以升旗、降旗、爱旗、护旗为自己的神圣职责,用青春的汗水和真诚捍卫着祖国国旗的尊严,形成了一道亮丽的校园风景线,国旗班的优秀表现展现了

项目二 汽车钣金与涂装专业人才培养概述

交院学子独有的风采,以崭新的面貌树起了山东交通技师学院的一面独特旗帜(图2-4-12)。国旗班每一届的队员都秉承着"生命不息、奋斗不止"信念,默默地为集体付出,紧紧围绕学校赋予国旗班的工作重心,同心协力、顽强拼搏,圆满地完成了学校交予的各项任务。

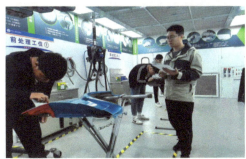

图2-4-11 汽车钣金喷漆训练团队获奖照片

3. 学生会

学生会(图2-4-13)是学校中的组织结构之一,是学生自己的群众性组织,是学校联系学生的桥梁和纽带。学生应该自觉地接受学生会的领导、督促和检查,积极支持学生会的各项工作。学生参加学生会,不仅可以锻炼能力,提高自身修养,还可以帮助他人,交到更多的朋友,可以当作是一种进入社会的提前适应阶段。

汽车学院
国旗班介绍

47

图2-4-12　汽车学院国旗班　　　　图2-4-13　汽车学院学生会

宿管部：检查、督促宿舍楼道、楼梯及宿舍内部卫生。
卫生部：检查、督促教学楼楼道、楼梯及卫生区卫生。
文体部：组织学生开展文体活动和周末人数清点工作。
纪检部：负责课间、自习、晚休等时间段纪律检查。
办公室：汇总统计各量化表格以及其他电子文档制作。
社团部：负责协助、督促各社团有序开展活动。

汽车学院
学生会介绍

除以上各部门任务外，学生会还协助学院完成各项大型活动组织任务，如迎新工作、运动会、各类晚会、演讲比赛、技能比赛等。

4. 汽车学院社团简介

社团活动作为汽车学院第二课堂主要阵地和特色品牌之一，一直深受广大学生的好评；社团活动是校园文化建设的主要阵地，是加强和改进学生思想政治教育的重要途径，是学生创新精神和实践能力培养的重要载体；社团活动以其具有的思想性、艺术性、知识性、趣味性、多样性等多种形式吸引着广大学生参与其中，已成为广大学生丰富校园生活、参与学校活动、延伸求知领域、扩大交友范围的一种重要方式。

汽车学院社团由学生会社团部统一管理，下设龙鼓盛世社团、篮球社团、足球社团、乒乓球社团、歌唱社团、演讲社团、跆拳道社团、羽毛球社团、摄影社团等多个社团，学生也可以根据自己的喜好成立新的社团。下面是汽车学院部分社团展示：

（1）龙鼓盛世社团（图2-4-14）。该社团以学习传统舞龙、锣鼓为主，新学期还将开设舞狮学习。该社团荣获山东省第十届全民健身运动会舞龙舞狮锣鼓网络比赛少年组二等奖、临沂市一等奖的佳绩。

龙鼓盛世
社团介绍

（2）篮球社团是我校成立较早的社团之一，也是比较受学生喜爱的一个社团（图2-4-15）。社团制定社团章程，建立和完善社团自主管理和发展的运行机制,完善社团成员管理考核制度,建立社团评审制度,为社团的发展提供良好的基础和保证。

图 2-4-14　龙鼓盛世社团

图 2-4-15　篮球社团

（3）足球社团是一个以开展文娱和体育活动为目的的非营利性质的学生社团（图 2-4-16）。加入足球社团可以促进学生身心健康发展,培养德、智、体、美全面发展的人才。足球社团的宗旨是发扬学校足球运动,发掘足球天赋人员,增强体育锻炼,健强体魄,积极组织学生参加活动。

（4）歌唱社团（图 2-4-17）以"快乐歌唱、享受歌唱"为宗旨,通过社团活动这个平台,学生互相交流、互相学习,提高自身的歌唱能力。歌唱社团成立以来,通过有计划的学习、有目的地训练,队员的个人素质和综合素质都得到了较大地提升,演唱技巧和技能、表演技巧、艺术素养等方面都有长足的进步。

图 2-4-16　足球社团

图 2-4-17　歌唱社团

（5）演讲社团（图 2-4-18）致力于学生公众表达能力的提高,以投资口才就是投资未来为理念,旨在展示学生讲的艺术、说的风采,促进学生口才文化与和谐人际关系建设,提升学生的文化素质,丰富校园文化生活,活跃校园文化气氛,在艺术实践活动中进行爱党、爱国、爱家、爱校教育,陶冶情操。

（6）汽车学院北极熊跆拳道社团是我院成立最早的社团（图 2-4-19）。跆拳道起源于朝鲜半岛,经历千年洗礼和锤炼。跆拳道以"始于礼,终于礼"的精神为基础,讲究礼仪。"礼仪"是跆拳道基本精神的具体体现。跆拳道具有防身、健身、修身养性、娱乐、观赏等方面的作用,是练习者精神和身体的综合修炼,促使练习者在艰苦的磨炼中培养出理想的人格和强壮的体魄并能够真正掌握防身自卫的本领。

图 2-4-18　演讲社团　　　　　图 2-4-19　跆拳道社团

(7)羽毛球社团(图 2-4-20)旨在提高羽毛球技艺,组织学校学生进行羽毛球比赛,强健同学们的体魄;汇集学校热爱羽毛球的学生在课外时间进行锻炼,丰富学生的课余生活。

(8)摄影社团(图 2-4-21)的每一位社员都对摄影抱有浓厚的兴趣,在日常生活中他们时常拿起相机拍下自己认为美的东西,摄影的魅力在于按下快门,记录感动的刹那。很多美不需要太多优美的动作去诠释,而恰恰仅需要一个画面去记录那个永恒的瞬间。每一位社员都会用眼睛、用专业的知识、用手头的工具去观察和记录身边稍纵即逝的美。

汽车学院部分社团介绍

图 2-4-20　羽毛球社团　　　　　图 2-4-21　摄影社团

活动展示

教师审核视频,学生以小组为单位在自媒体上展示,获取点赞量。

活动评价

活动评价表见表2-4-2。

活 动 评 价 表　　　　　表2-4-2

评分项	是否达到目标（30%）	活动表现（40%）	职业素养（30%）
评价标准	1. 完全达到； 2. 基本达到； 3. 未能达到	1. 积极参与； 2. 主动性一般； 3. 未积极参与	1. 大有提高； 2. 略有提高； 3. 没有提高
自我评价(20%)			
组内评价(20%)			
组间评价(30%)			
教师评价(30%)			
总分(100%)			

项目三 汽车钣金与涂装专业技术概述

任务　了解汽车钣金与涂装专业技术

（1）能熟练介绍汽车钣金与涂装所包含的技术项目。
（2）能简单介绍汽车钣金与涂装项目的各服务内容。

活动："钣喷专业技术"我来讲

活动场景

众所周知，作为修复汽车"脸面"的重要工序，钣金喷漆是一项技术含量非常高的系统工程，尤其对于事故车的车主来说，更加注重事故车钣金喷漆的修复质量。钣喷工人的专业技术能力是影响客户对事故车维修的整体满意度的关键性评价指标，因为它涉及钣金喷漆的维修技术问题。那么，一名合格的钣喷工人应该掌握哪些技术项目和服务内容呢？

作为汽车钣金与涂装专业的学生，以小组为单位录制一个小视频介绍汽车钣金与涂装具体所包含的服务项目有哪些。

活动目标

（1）能用普通话讲解相关内容。
（2）可以结合多媒体等方式讲解，最终制作合成2分钟以内视频。

（3）视频要求：
①介绍时能用普通话，大方、得体。
②思路清晰，能介绍汽车钣金与涂装具体所包含的服务项目有哪些。
③视频完整、清晰。

活动计划

1. 分工

1 名介绍人员：_____　　1 名摄像：_____
1 名拍照人员：_____　　2 名材料收集汇总：_____
1 名导演：_____　　　　1 名编剧：_____
1 名后期制作：_____
每人完成后可进行角色互换。

2. 设备准备

_____

3. 资料准备

_____
_____
_____
_____

活动资源

一、汽车钣金工作流程

（1）先对车辆进行清洁（图 3-1-1），然后再送到维修工作区。在事故车进入维修区域维修前要先对车辆进行清洁，如损坏的玻璃和泄露的油类等。

（2）研究修复任务单和车辆的损坏情况（图 3-1-2）。事故车辆和修复任务单会一起送交给维修技师。维修技师在接到车辆和任务单后，应该结合任务单对损坏车辆沿着碰撞能量传递路线逐一检查部件的损伤，直到没有任何损伤痕迹的位置，以确保不会遗漏轻微的损伤。

（3）确定修复程序。维修技师确定事故车辆所有的损伤后，根据损坏的情况确定修复顺序。

图 3-1-1　车辆清洗

图 3-1-2　检查损伤部位

（4）拆下严重损坏的用螺栓连接的零部件。在拉伸校正开始前，应该拆去车辆上妨碍校正的部件。因为整体式车身的损伤容易扩散到较远处，经常扩散到一些意想不到的地方，甚至有些就藏在这些部件或系统里面，只有拆除这些部件后才能更好地找出损伤。

（5）测量损坏情况。车身测量是车身修复程序中必须要进行的操作，事故车的损伤评估、校正、板件更换、安装调整等工序，都要进行车身测量，如直尺评估法（图 3-1-3）。

如何评估涂层损坏程度

将一把直尺放在车身损坏区域的对称部位，检查车身和直尺间的间隙

图 3-1-3　评估车辆损坏程度

（6）用车身校正仪对车架或车身进行校正（图 3-1-4）。当车辆受到严重撞击后，车身的外覆盖件和结构件钢板都会发生变形，车身外覆盖件的损伤可用锤子、垫铁和外形修复机来修理，但车身结构件的损伤修理仅仅使用这些工具是无法完成的。车架式车身的车架和整体式车身的结构件是非常坚固与坚硬的，强度非常高。对于这些部件的整形，必须通过车身校正仪巨大的液压力才能够进行修复操作。

图 3-1-4　车身校正仪

(7)更换严重损坏的部件。对于损坏严重以及特殊用途的板件(如吸收碰撞能量的板件)不能修复只能更换。

(8)校正轻微损伤的部件。对损坏程度较轻的板件可以进行维修。

(9)车身装配。车身修复后要进行组装,组装过程中会对板件位置和板件之间的间隙进行轻微调整。

(10)总检、移交下一道工序。

二、汽车涂装工作流程

(1)准备打磨工具(图3-1-5)。在单作用打磨机上安装60#的砂纸,根据作业面的尺寸和形状调节转速范围,以使工作顺畅。

注意:如果工作面形状复杂或面积过小,最好降低转速。

(2)清除旧涂膜(图3-1-6)。将打磨机轻轻压在打磨表面,然后打开开关,在受损区域内打磨,以除去旧涂膜。

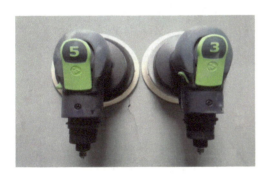

图3-1-5 打磨工具

图3-1-6 清除旧涂层

注意:如果将受损区域打磨成方形,将会给原子灰的刮涂带来麻烦。

(3)检查和触摸打磨边缘,以感受平滑度;打磨涂膜边缘,使边缘形成平缓的过渡坡形。

(4)打磨羽状边。将打磨机轻轻压在板件上,沿涂膜边缘移动。如果直线移动打磨机,将使涂膜边缘无法形成羽状边。为了形成一个精心打磨的原子灰过渡区域,羽状边宽度应为30mm左右。

打磨旧漆层

(5)清洁和除油。用除尘枪除去打磨表面的微粒,用经除油剂浸泡过的抹布擦拭打磨表面,当残油浮到表面后,用洁净的抹布擦干。

(6)喷涂磷化(环氧)底漆。将磷化底漆(环氧底漆)按照4∶1

表面清洁

的比例进行调配,静置一段时间后,用喷枪将其喷涂在经打磨后的裸露金属区域;趁着磷化底漆未干时,用干净的抹布擦除磷化底漆;车门表面的预处理完成。

(7)原子灰的刮涂原子灰的混合(图3-1-7)。将适量的原子灰基料放在混合板上,然后按规定的混合比添加一定量的固化剂。原子灰与固化剂一般是以100∶2~100∶3的比例混合。

原子灰刮涂

(8)干燥原子灰(图3-1-8)。需要注意的是,在使用红外线烤灯或干燥机加热干燥原子灰时,一定要使原子灰的表面温度控制在50℃以下,以防止原子灰分离或龟裂。

图3-1-7 原子灰混合

图3-1-8 原子灰干燥

(9)打磨原子灰。原子灰干燥后的打磨以干磨为好,因为干燥后的原子灰涂层是一种多孔组织。如果采用水磨法,原子灰涂层会吸收大量的水分而很难蒸发掉,对以后的涂装工作带来很多困难。

打磨原子灰

(10)中涂底漆的喷涂。中涂底漆的喷涂是指将第一层中涂底漆喷涂至整个原子灰表面,直至该表面完全变湿,静置5~10分钟,使涂层中溶剂挥发,再进行第二次、第三次喷涂。

(11)中涂底漆的打磨。

(12)面漆调色(图3-1-9),理解油漆色母特性,完成汽车油漆颜色调色。

(13)面漆的喷涂。

(14)打磨抛光处理(图3-1-10)。清漆喷涂接口部位通过驳口溶剂互溶后,表面仍然存在一些缺陷,如在整个修补区域由于采用底色漆驳口喷涂,表面会出现一些麻点,在清漆喷涂后,漆面可能会落入一些脏点等。这些缺陷可以用2500#砂纸轻轻打磨修平,然后进行抛光处理。

图 3-1-9　面漆调色

图 3-1-10　抛光

项目四 汽车钣金与涂装专业学习成长规划

任务一 学习榜样

(1)能熟练讲解世界大赛冠军故事。
(2)能对世界大赛冠军故事发表自己的感想。

活动：讲世界大赛冠军故事

活动场景

1. 学生通过学习并讲解世界大赛中车身修复冠军杨山巍和汽车喷漆冠军杨金龙的故事给身边的人听，使世界大赛冠军榜样的形象牢牢树立，以促进学生学习的积极性。

2. 学生以小组为单位录制一个小视频介绍两位世界大赛冠军的故事。

活动目标

(1)能用普通话流利地讲解相关内容。
(2)能将介绍过程(视频、照片)合成一个2分钟左右视频。
(3)视频要求：
①"剧本"合理、完整。

②介绍时能用普通话，大方、得体。
③视频完整、清晰。

活动计划

1. 分工

1 名介绍人员：_____ 1 名摄像：_____
1 名拍照人员：_____ 2 名材料收集汇总：_____
1 名导演：_____ 1 名编剧：_____
后期制作：_____
每人完成后可进行角色互换。

2. 设备准备
_____

3. 资料准备
_____
_____
_____
_____

任务资源

一、第44届世界技能大赛车身修理项目首枚金牌获得者杨山巍

杨山巍及团队获得"2017年上海市教书育人楷模提名奖""杨浦区教育系统第四届'感动校园'人物""上海市五一劳动奖章""工人先锋号""上海市青年五四奖章""上海市青年岗位能手"等奖状和奖章，荣获"2018感动上海年度人物"。

阳光俊朗的外形，让人很难把杨山巍和"工匠"这个词联系起来。但就是这个"95后"的"后浪"，才20岁时就获得了第44届世界技能大赛车身修理项目的首枚金牌。他进入上海汽车集团股份有限公司（简称上汽集团）乘用车公司后，在公司支持下成立了首席技师工作室，成为上汽集团最年轻的一名工作室负责人。

1. 为站上世界领奖台全力以赴

2012年,杨山巍报考了上海市杨浦职业技术学校,就读车身修复专业。在校期间,他参加了全国职业技能大赛,并在车身修复项目比赛中获得一等奖,还参加过第43届世界技能大赛车身修理项目的国内选拔。

从学校毕业后,杨山巍在奔驰4S店开始了他人生的第一份工作。那年,他正好18岁,因为在校时参加过大赛,且成绩优异,所以杨山巍在毕业前就获得了高级工证书。但对过往的成绩,杨山巍从来没有主动提过,而是踏踏实实地跟着师傅学习,为后来比赛中的应变能力打下坚实的基础。

2016年6月,第44届世界技能大赛的各项工作启动了。人社部出台了"上届备选选手可以直接入选国家集训队参加晋级赛"的政策。世界技能大赛车身修理项目中国专家组组长打电话给杨山巍,告知了他这个消息。

此时,如果要参加比赛,杨山巍就必须辞掉工作,因为从集训到后面的淘汰赛,要花一年多的时间。一番审视后,他决定:辞去工作参加集训,因为"年轻就应该再拼一次,不给自己留下遗憾!"

随后,他进入第44届世界技能大赛国家集训队,除了用餐、睡觉,其他时间都在实训室里进行艰苦训练。"经常训练到晚上八九点时就很累了,很想休息,但我想,比人家多练一条、多焊一条,可能比赛时就会比别人多个零点几分。"杨山巍说。

他认真对待每一天的训练,把每次出现的问题都记录下来进行总结,第二次再做时,会特别注意并解决这些问题,对于一些重点难点,则进行针对性训练。终于,在最后晋级赛的考核中,以总成绩领先8分的优势,代表中国出征阿布扎比。

2017年10月,第44届世界技能大赛开幕,杨山巍参加车身修理项目比赛。这届比赛中,有两个板件对焊缝宽度要求在2~3毫米这个区间内,分值2分,杨山巍最终拿到了1分。看似得分值并不高,但在所有22位参赛选手中,只有他一个人做到了。

在焊接质量检查中,基本功扎实的他同样做得非常完美。截至常规比赛时间结束,只有3名选手完成了全部比赛内容,杨山巍凭借极其精细化的操作,最终以领先第二名3分的绝对优势摘取桂冠,站在了世界的领奖台上,获得该项目中国参赛以来的首枚金牌。

2. 精益求精把工作做到极致

大赛获奖后,很多企业和学校向杨山巍抛出了橄榄枝。有学校请他去当教师,还有地方政府用200万元奖励来引进他这个人才。但杨山巍觉得,自己还年轻,还需要更多磨砺,于是,选择到上汽集团工作。

2017年11月,他入职上汽集团乘用车公司,在制造工程部当一名样板技师,在样板科与团队协作,共同参与临港新车型投产的尺寸论证工作。

刚参与这份工作的他,一切从零学起,遇到不懂的地方,就向师父虚心请教。经过学习,很快他就参与尺寸调试项目,并分析解决尺寸所影响的造车问题。

有一次,公司生产一个新车型,但样车造出来后,却发现车顶行李架后方有一个非常明显的凹坑,而且批量都出现了这一问题。之后,杨山巍和同事们开始排查分析。各方排查后,最终推测,可能是因为车顶天窗后面一块钣金面积较大,缺少支撑。之后,杨山巍利用自己的技能,在螺栓孔的位置手工敲制了一个阴阳台,以对这块钣金起到加强作用。这一装置装上后,凹坑果然不见了。杨山巍又接连验证敲制了3台车,凹坑都没有再出现。自此,他们进行反向推导,对制造模具进行改造,从根本上解决了这一问题。

2018年9月,为了提升临港工厂的钣金技能队伍,在公司领导的支持下他成立了杨山巍技师工作室,开展钣金方面的培训、现场疑难攻坚、优化创新等工作。杨山巍成为公司里最年轻的一名技师工作室负责人,向更多人传授自己精通的汽车钣金技术。

现在,他的工作室有核心成员7名、专家顾问2名,开设了17门培训课程,通过对疑难攻坚,每年为工厂节省约100万元。另外,进行工具优化创新3项,并利用网上分享平台定期在线上分享相关技术知识。2019年9月,杨山巍技师工作室被评为上海首席技师工作室。

工作之余,他还参与了第45届世界技能大赛车身修理项目中国选手的培训工作,技能指导加实战经验传授,使中国选手再次不辱使命,将五星红旗飘扬在世界赛场上。

说起工匠精神,杨山巍说道:"工作中每解决一个问题带来的成就感,会让人们对自己的工作充满信心,进而热爱自己的工作。正是有了这份热爱,才会不断精益求精,把工作做到极致。"

二、世界技能大赛汽车喷漆项目金牌获得者杨金龙

0.01毫米,相当于一根头发直径的1/6左右,是世界技能大赛汽车喷漆项目对油漆厚度所允许的最大误差。杭州技师学院的杨金龙凭借高超的技术挑战不

可能,获得这个项目的冠军,为中国实现了这个赛事零金牌的突破。可贵的工匠精神,锻造出这位年轻的世界技能大赛冠军。

1. 绝技:苦水、汗水中浸泡

22岁的杨金龙是杭州技师学院教师中最年轻的教师,走在校园里,一身休闲装的他看上去与学生差不多。

"喷漆看着简单,其实很复杂,包括对车身打磨抛光、调漆、喷漆和烤漆等很多步骤。"杨金龙说道。

喷漆好坏的一个重要指标是油漆是否均匀。按照世界技能大赛的要求,油漆上下的厚度误差不超过0.01毫米,相当于一根头发直径的1/6左右,而油漆一般要喷五六层以上。如此苛刻的要求带来的技术难度可想而知。

杨金龙说:"喷漆要均匀,手一定要稳。喷枪加上油漆有六七斤重,手要做到一动不动才行;有时候连续喷漆几小时,对臂力和体力都是极大考验。"

"有时候胳膊痛到睡不着觉,几天抬不起来,只能用冰袋冷敷来缓解。"杨金龙说。为了增强自己的肌肉力量,他每天举哑铃锻炼。

杨金龙说:"喷漆没一会,防护服就湿透了,一天换七八套很正常。烤房是封闭的,喷漆时不能有对流,不能有任何灰尘,所以不管夏天多热都不能开空调,在最热的时候室温40多摄氏度也得忍着,有时还会中暑。"

2. 金牌:倔强+工匠铸就

杨金龙的老家在云南省保山市的一户农民家庭,他上学时家里的年收入仅3000余元。2009年,杨金龙初中毕业,受家庭条件影响,15岁的他选择了不需要学费的技校继续求学。

"我上学前都没有摸过汽车,但一碰到各种颜色的油漆我就着魔了。"杨金龙笑着说。

上学期间,他对喷漆技术到了痴迷的程度,常常为了攻克一个问题而在实训车间待到凌晨。在老师眼里,杨金龙则喜欢刨根究底。

杨金龙表示,他有点倔,做一件事情就要求做到最好。以前的手工艺人都是工匠,追求精益求精,我们这代人要把这种精神找回来。

杨金龙非常的吃苦钻研。在校期间,杨金龙就获得了浙江省职业院校汽车运用与维修汽车涂装一等奖、全国职业院校汽车运用与维修汽车涂装二等奖等成绩。2012年,杨金龙毕业后被一家奥迪4S店挑中,凭借出色技术,他的工资一路上涨。但是,杨金龙更痴迷于技术的进步。2014年,当母校邀请他回学校参加世界技能大赛国内选拔赛时,他辞去工作返回学校训练。

长达一年半的高强度集训极为枯燥艰辛,也正是在这个过程中,他体会到工匠精神的内涵。

2015年他以该项目国内第一的身份参加在巴西举行的第43届世界技能大赛,并获得金牌,为我国实现了该赛事零金牌的突破。在颁奖仪式上,杨金龙身披国旗,非常激动。

3. 成功:引领技术行业

回国后,杨金龙获得了诸多奖励,被授予浙江省五一劳动奖章。除了给学生上课外,他还经常被邀参加各种经验交流活动。

"这足以说明,在国家如此重视技能人才的当下,年轻人靠技能立业的大好时代已经到来。"另外,杨金龙表示,能获这么多的殊荣出乎意料。他认为,社会尊重技能人才是技能人才蓬勃复兴的基础。

据了解,杨金龙的获奖,带动了家乡很多年轻人学技术。

杨金龙介绍,在世界技能大赛中,有两件事情让他体会深刻:一位瑞典小伙子,其三代人都是汽车喷漆职业,他对自己的工作很自豪;喷漆比赛项目20名选手中5名是女性,与他一起获奖的另两名选手也都是女性。

如今,杨金龙是浙江省第一个,也是唯一的特级技师,被破格提拔为杭州技师学院教师,享受教授级高级工程师待遇。

活动展示

教师审核视频,学生以小组为单位在自媒体上展示,获取点赞量。

活动评价

活动评价表4-1-1。

活 动 评 价 表　　　　表4-1-1

评分项	是否达到目标 (30%)	活动表现 (40%)	职业素养 (30%)
评价标准	1. 完全达到; 2. 基本达到; 3. 未能达到	1. 积极参与; 2. 主动性一般; 3. 未积极参与	1. 大有提高; 2. 略有提高; 3. 没有提高

续上表

自我评价(20%)			
组内评价(20%)			
组间评价(30%)			
教师评价(30%)			
总分(100%)			
自我总结			

任务二　认识学习成长规划

(1)能够在网络、书刊上查找学习成长规划范文。
(2)根据范文,能够说出学习成长规划所包含的主要内容。

活动:七嘴八舌一起说

学习成长规划是我们对学校学习生涯的一个整体规划。通过了解学长们的学习成长规划,我们可以借鉴学长们的经验,更好地了解和认识学习成长规划。

在本次活动中,我会将我认为最好的学习成长规划分享给我的小伙伴们并认真聆听他们的分享,我们将一起认识学长们的优秀学习成长规划。

项目四 汽车钣金与涂装专业学习成长规划

活动场景

本学期就要接近尾声了,相信各位小伙伴们都对自己的未来充满想象;对成为高年级学长那样优秀而自信的校园风云人物而充满了期待。那么,就请各个小组的小伙伴们各显神通,收集你喜欢的学长的成长规划并分享给大家。

活动目标

(1)熟练使用现有工具检索信息(如网络信息、图书馆馆藏信息等)。
(2)快速、准确地提取文章关键词。
(3)将检索到的信息介绍给小伙伴。

活动计划

1. 分工

3 名信息收集员:＿＿＿＿＿＿ 　2 信息记录员:＿＿＿＿＿＿
2 名信息处理员:＿＿＿＿＿＿ 　1 信息分享员:＿＿＿＿＿＿

2. 设备准备

＿＿＿＿＿＿＿＿＿＿＿＿＿＿＿＿＿＿＿＿＿＿＿＿＿＿＿＿＿＿

3. 资料准备

＿＿＿＿＿＿＿＿＿＿＿＿＿＿＿＿＿＿＿＿＿＿＿＿＿＿＿＿＿＿
＿＿＿＿＿＿＿＿＿＿＿＿＿＿＿＿＿＿＿＿＿＿＿＿＿＿＿＿＿＿
＿＿＿＿＿＿＿＿＿＿＿＿＿＿＿＿＿＿＿＿＿＿＿＿＿＿＿＿＿＿
＿＿＿＿＿＿＿＿＿＿＿＿＿＿＿＿＿＿＿＿＿＿＿＿＿＿＿＿＿＿

4. 信息处理

＿＿＿＿＿＿＿＿＿＿＿＿＿＿＿＿＿＿＿＿＿＿＿＿＿＿＿＿＿＿
＿＿＿＿＿＿＿＿＿＿＿＿＿＿＿＿＿＿＿＿＿＿＿＿＿＿＿＿＿＿
＿＿＿＿＿＿＿＿＿＿＿＿＿＿＿＿＿＿＿＿＿＿＿＿＿＿＿＿＿＿
＿＿＿＿＿＿＿＿＿＿＿＿＿＿＿＿＿＿＿＿＿＿＿＿＿＿＿＿＿＿

> 活动资源

一、学校图书馆（图4-2-1）

二、网络资源（图4-2-2）

图4-2-1　学校图书馆

图4-2-2　计算机教室

三、优秀范文

个人成长规划范文

　　进入技工学校，在最初的新奇与喜悦暗淡之后，便是无尽的困惑与迷惘。而此时对自己做一个认真而深入的剖析，为自己量身打造一份成长计划便是尤为重要的。

　　成长计划，换一个角度来理解，就是对我们心中的那片理想天地做一个具体执行的描绘。我们给自己的学习生活做一个较系统而细致的安排，对自己的职业生涯进行规划，为自己的梦插上翅膀。美好的愿望是根植在坚实的土地上的。

项目四　汽车钣金与涂装专业学习成长规划

从现在开始,坚实脚下的土地,力争主动,规划我们的未来,为人生的绚烂多姿添彩。

1. 认知自我

古希腊德尔菲神庙里"认识你自己!"的箴言不仅仅是要唤醒人们的人文关怀,更指出了认识自我的意义和困难。规划未来,必须了解自我。

1) 自我评价

我是一个性格开朗有责任感的人,有极强的创造欲,乐于创造新颖、与众不同的结果,渴望表现自己,实现自身的价值;我追求完美,具有一定的艺术才能和个性;我乐观、自信、好交际、能言善辩、谦逊、善解人意、乐于助人、细致、做事有耐心。

2) 我的优势

我小时候生活较艰辛,以致我对生活有更深刻的认识,我并不认为生活中人们遇到挫折是命运的不公,相反,这对人起到一种督促作用,让人越挫越勇,人生中经历一些挫折,这是对人的一种磨砺,让人变得更坚强,对生活中的事情变得更有勇气。父母从小对我严厉的教育,使我时刻保持严于律己的生活态度。

3) 我的劣势

过于追求完美导致我做事过于理想化,脱离实际,家庭经济基础薄弱,人脉较少。

2. 社会分析

改革开放以来,我国经济飞速发展,根据最近国务院政策,环渤海地区可望异军突起。黄骅港的建设,以其强大的吞吐吸纳作用,将带动整个环渤海地区的经济滚动前进。

由此观之,我所学习的专业正是港口水利工程,鉴于黄骅港的发展前景及人员需求,就业前景相当可观。

3. 学习生活计划

一年级:端正学习态度,严格要求自己,了解学校生活、专业知识、专业前景以及学习期间应该掌握的技能以及以后就业所需要的证书;积极参与外联部工作,培养工作能力。

二年级:通过计算机 2 级考试;熟悉掌握专业课知识,竞选外联部负责人,并在节假日时期进行初步的实习。

三年级:提高求职技能,搜集公司信息。搜集的主要内容有参加和专业有关的暑期工作,和同学交流求职工作心得体会,学习写简历、求职信。目标应锁定在工作申请及成功就业上,积极参加招聘活动,在实践中检验自己的积累和准备。积极利用学校提供的条件,强化求职技巧,进行模拟面试等训练,尽可能做好充分的准备。与此同时,做好第二条准备——考研。

4. 求职计划

随着经济高速发展,人们的生活日益安逸,但随着工作压力的增加,生活压力的增大,生活方式的不合理化,使得人们的日常生活秩序被打乱,也就突显出越来越多的心理方面的问题,这要求我们更加努力地学习心理学知识。

(1)毕业证书、职业资格证书等是我们求职或创业的敲门砖,是一个公司以及一个资助者支持你和招聘人才的首要条件,因此,我们要在学校期间,拿到相关的证书。

(2)公司招聘人才看得不仅是文凭和证书,更多的是注重个人的能力与素质。所以,我们在学校期间学习的同时,还要注重个人素质的提升和能力的培养。

(3)对于刚毕业的学生来说,经验的缺乏是一个很突出的问题,要想在众多应聘者中脱颖而出,就要在各方面占优势才行,这对于自主创业也是很有帮助的。所以,我们还要在生活中积累更多的工作经验,这方面可以通过兼职来实现,但在兼职的过程中,要懂得总结经验。

(4)要在三年级之前把简历设计好,留下更多的时间来找工作。

(5)要时刻关注招聘信息,积极参加招聘活动,在公司选择我们的同时也选择一个适合自己的公司。

(6)要时刻注意最新的发展动态,关注时事,了解社会信息,掌握自主创业的优势条件和劣势,更好地把握成功的条件。

5. 总结

任何目标,只说不做,到头来都会是一场空。然而,现实是未知多变的,制订的目标、计划随时都可能遭遇问题,要求有清醒的头脑。一个人,若要获得成功,必须有勇气,付出努力、拼搏、奋斗。成功,不相信眼泪;未来,要靠我们自己去打拼!实现目标的历程需要我们付出艰辛的汗水和不懈的追求,不要因为挫折而畏缩不前,不要因为失败而一蹶不振;我们要有屡败屡战的精神,要有越挫越勇的气魄;成功最终会属于你的;每天要对自己说:"我一定能成功,我一定按照目标的规划行动,坚持直到胜利的那一天。"既然选择了、认准了是正确的,就要一直走下去。现在我要做的是,迈出艰难的一步,朝着这个规划的目标前进,要以满腔的热情去守候,放飞梦想,实现希望。

活动展示

展示自己了解的成长规划内容。

活动评价

活动评价表见表4-2-1。

活动评价表　　　　　　　表4-2-1

评分项	是否达到目标（30%）	活动表现（40%）	职业素养（30%）
评价标准	1.完全达到； 2.基本达到； 3.未能达到	1.积极参与； 2.主动性一般； 3.未积极参与	1.大有提高； 2.略有提高； 3.没有提高
自我评价(20%)			
组内评价(20%)			
组间评价(30%)			
教师评价(30%)			
总分(100%)			

任务三　　知道学习成长规划过程

（1）能够在同组成员的帮助下总结出自己的优缺点。

（2）能够理顺在校期间的学习流程，并以图文的方式展示。

（3）对自己感兴趣的职业或未来可能从事的行业有初步的了解并向小伙伴们介绍。

任务内容

活动一：对号入座

自我认知是指对自己的洞察和理解，包括自我观察和自我评价；自我观察是指对自己的感知、思维和意向等方面的觉察；自我评价是指对自己的想法、期望、行为及人格特征的判断与评估。

在自我认知的过程中我们可能会遇到各种问题导致我们不能全面客观地认识自己，所以我们就需要在小伙伴们的帮助下完成自我认知。

活动规则

小组成员根据自己平时对其他成员的观察和了解，以不记名的方式分别将组内每一名成员的优点和缺点写在下面方框中，并在反面写下你所描述的成员的姓名。全部写完后正面向上贴到展板上。小组成员阅读展板上的内容，并找出与自己优缺点相关描述的贴纸，在贴纸下面写上自己的名字。

所有成员都完成后由组长宣布答案，各组员记录别人对自己的评价与自我认识的区别。

活动目标

（1）客观准确地评价他人。

（2）客观地认识自己。

（3）找出自我认识与他人评价之间的区别。

活动计划

1. 分工

活动组织者：____组长____　　　监督员：____老师____

活动参与者：____全体组员____

2. 材料准备

优点：	缺点：
优点：	缺点：

活动资源

课程设置及目标：参考本书项目二。

活动评价

活动评价表见表4-3-1。

活 动 评 价 表　　　　　　　表 4-3-1

评分项	是否达到目标（30%）	活动表现（40%）	职业素养（30%）
评价标准	1. 完全达到； 2. 基本达到； 3. 未能达到	1. 积极参与； 2. 主动性一般； 3. 未积极参与	1. 大有提高； 2. 略有提高； 3. 没有提高
自我评价(20%)			
组内评价(20%)			
组间评价(30%)			
教师评价(30%)			
总分(100%)			
自我总结			

活动二：挑战飞行棋

各位小伙伴们，经过了一学期的学习，大家应该基本上知道了我们在校期间的学习安排了吧！我想大家应该对我们在校的生活和将来的就业有了一个初步的规划，现在我们就一起分享一下吧。

活动场景

各小组根据本学期所学内容，将我们每个学期要学习的课程、举行的活动、参加的考试、技能比赛等以时间为主线画成飞行棋棋盘，并根据自己的喜好设置陷阱，将课程目标或职业目标作为问题提问。

飞行棋棋盘画好后向全班展示、讲解玩法，然后邀请其他小组成员参加游戏。

项目四　汽车钣金与涂装专业学习成长规划

活动目标

（1）能够说出在校期间各学年的课程设置以及各课程的目标，并制定自己的学习目标。

（2）对自己的职业有初步的规划，并能说出实现规划的方法。

活动计划

1. 分工

1 名策划：_____　　3 名信息收集人员：_____

3 信息整理人员：_____　　2 名棋盘绘制人员：_____

1 名棋盘讲解员：_____　　1 名颁奖人员：_____

1 名比赛裁判：_____

2. 设备准备

_____

_____

活动资源

一、飞行棋棋盘参考图

飞行棋棋盘参考图如图 4-3-1 所示。

a)

b)

图　4-3-1

c)

图 4-3-1　飞行棋棋盘参考图

二、职业目标达成方法

1. 面试技巧和注意事项

（1）要谦虚谨慎。面试和面谈的区别之一就是面试时对方往往是多数人，其中不乏专家、学者，求职者在回答一些比较有深度的问题时，切不可不懂装懂，不明白的地方就要虚心请教或坦白说不懂，这样才会给用人单位留下诚实的好印象。

（2）要机智应变。当求职者一人面对众多考官时，心理压力很大，面试的成败大多取决于求职者是否能机智果断，随机应变，能当场把自己的各种聪明才智发挥出来。首先，要注意分析面试类型。如果是主导式，你就应该把目标集中投向主考官，认真礼貌地回答问题；如果是答辩式，你则应把目光投向提问者，切不可只关注甲方而冷待乙方；如果是集体式面试，分配给每位求职者的时间很短，事先准备的材料可能用不上，这时最好的方法是根据考官的提问在脑海里重新组合材料，言简意赅地作答，切忌长篇大论。其次，要避免尴尬场面。在回答问题时，常遇到这些情况，如未听清问题便回答，或者听清了问题自己一时不能作答，或者回答时出现错误或不知怎么答的问题，这时可能使你处于尴尬的境地。避免尴尬的技巧：对未听清的问题可以请求对方重复一遍；解释时若回答不出可以请求考官提下一个问题，等考虑成熟后再回答前一个问题；遇到偶然出现的错误也不必耿耿于怀，以免影响后面的发挥。

(3) 要扬长避短。每个人都有自己的特长和不足,无论是在性格上还是在专业都是这样。因此,在面试时一定要注意扬我所长、避我所短。必要时可以婉转地说明自己的长处和不足,用其他方法加以弥补。例如,有些考官会问你这样的问题:"你曾经犯过什么错误吗?"这时你可以选择这样回答:"以前我一直有一个粗心的毛病,有一次实习的时候,由于我的粗心把公司的一份材料弄丢了,为此老总狠狠地批评了我一顿。后来我经常和公司里一位做事非常细心的女孩子合作,从她那里学会了很多处理事情的好办法,一直到现在,我都没有因为粗心再犯什么错。"这样的回答,既可以说明你曾经犯过这样的错误,回答了招聘官提出的问题,又表明这个粗心的错误只是以前出现,现在已经改正了。

(4) 显示潜能。面试的时间通常很短,求职者不可能把自己的全部才华都展示出来,因此求职者要抓住一切时机,巧妙地显示潜能。例如,应聘会计职位时,求职者可以将正在参加计算机专业的业余学习情况"漫不经心"地讲出来,可使对方认为你不仅能熟练地掌握会计业务,而且具有发展会计业务的潜力;应聘秘书工作时可以借主考官的提问,把自己的名字、地址、电话等简单资料写在准备好的纸上,顺手递上去,以显示自己写一手漂亮字体的能力;等。求职者显示潜能时要实事求是、简短、自然、巧妙,否则会弄巧成拙。

2. 面试时如何消除紧张感

由于面试成功与否关系到求职者的前途,大学生在面试时往往容易产生紧张情绪,有的大学生可能还由于过度紧张导致面试失败。所以紧张感在面试中是常见的。紧张是求职者在考官面前精神过度集中的一种心理状态,初次参加面试的人都会有紧张感觉,慌慌张张、粗心大意、说东忘西、词不达意的情况是常见的。那么,求职者怎样才能在面试时克服、消除紧张呢?

(1) 要保持"平常心"。在竞争面前,人人都会紧张,这是一个普遍的规律,面试时你紧张,别人也会紧张,这是客观存在的,要接受这一客观事实。这时你不妨坦率地承认自己紧张,也许会得到理解。同时,你要进行自我暗示,提醒自己镇静下来,常用的方法是大声讲话,把面对的考官当作熟人对待;或者掌握讲话的节奏,慢慢道来;或者握紧双拳、闭目片刻,先听后讲;或者调侃两三句;等等。这些方法都有助于消除紧张

(2) 不要把成败看得太重。"胜败乃兵家常事",你要这样提醒自己,如果这次不成,还有下一次机会;这个单位不聘用,还有下一个单位面试的机会等着自己;即使求职不成,也不是说你一无所获,你可以在分析这次面试过程中的失败原因,总结经验得出宝贵的面试经验,以新的姿态迎接下一次的面试。在面试

时,求职者不要老想着面试结果,要把注意力放在谈话和回答问题上,这样就会大大消除你的紧张感。

(3)不要把考官看得过于神秘。并非所有的考官都是经验丰富的专业人才,可能在陌生人面前也会紧张,认识到这一点就用不着对考官过于畏惧,精神也会自然放松下来。

(4)要准备充分。实践证明,面试时准备得越充分,紧张程度就越小。考官提出的问题你都会,还紧张什么？知识就是力量,知识也能增加胆量。面试前除了进行道德、知识、技能、心理等方面的准备外,还要了解和熟悉求职的常识、技巧、基本礼;必要时同学之间可模拟考场,事先多次演练,互相指出不足,相互帮助、相互模仿,到面试时紧张程度就会减少。

(5)要增强自信心。面试时求职者往往要接受多方的提问,迎接多方的目光,这是造成紧张的客观原因之一。这时你不妨将目光盯住主考官的脑门,用余光注视周围,既可增强自信心又能消除紧张感;在面试过程中,考官们可能交头接耳,小声议论,这是很正常的,求职者不要把它当作精神负担,而应作为提高面试能力的动力,你可以想象他们的议论是对你的关注,这样你就可以增加信心,提高面试的成功率。在面试时考官可能提示你回答问题时的不足甚至错误,这时也没有必要紧张,因为每个人都难免出点差错,能及时纠正就纠正,是事实就坦率承认,不符合事实还可婉言争辩,关键要看你对问题的理解程度和你敢于和主考官争辩真伪的自信程度。

活动评价

活动评价表见表4-3-2。

活动评价表　　　　　　表4-3-2

评分项	是否达到目标 (30%)	活动表现 (40%)	职业素养 (30%)
评价标准	1. 完全达到; 2. 基本达到; 3. 未能达到	1. 积极参与; 2. 主动性一般; 3. 未积极参与	1. 大有提高; 2. 略有提高; 3. 没有提高
自我评价(20%)			
组内评价(20%)			

项目四　汽车钣金与涂装专业学习成长规划

续上表

组间评价(30%)			
教师评价(30%)			
总分(100%)			
自我总结			

任务四　撰写学习成长规划

(1)能够撰写出学习成长规划。
(2)能够熟练介绍自己的学习成长规划。

活动：演讲比赛

一份好的学习成长规划，应当包含四个方面的内容：自我认知，即知道自己的优势和劣势，给自己一个客观的评价；制订学习生活计划，即提前规划好未来几年的学校生活；制订求职计划，即明确毕业后自己心仪的工作是什么样的，自己适合什么样的工作岗位；计划总结，即为了达到目标，自己需要付出什么样的努力。

活动场景

举行班级演讲比赛，演讲的内容为"学习成长规划"，要求参赛选手提前做好学习成长规划PPT(图文并茂)，比赛分初赛和决赛，初赛班内各组自行组织，初赛结束后，各组推荐一名同学参加班级决赛。

活动目标

1. 能将自己撰写的"学习成长规划"配上图片做成PPT。
2. 能在规定时间内,配合PPT将自己的"学习成长规划"用普通话流利地表达出来。

活动计划

1. 分工

3~4名评委:_____　　1名主持人:_____

1名摄像:_____　　1名拍照人员:_____

2名比赛策划:_____　　1名颁奖人员:_____

1名宣传人员:_____

2. 设备准备

_____

3. 制订演讲比赛策划方案

_____
_____
_____
_____
_____

4. 制订演讲比赛评分比准

_____
_____
_____
_____
_____
_____

活动资源

一、职业生涯规划范文

1. 前言

生活既是一种经历,也是一种体验。人活一世,珍惜自己拥有的,能使自己幸福;追寻适合自己的,能使自己更幸福。受挫、失败、不幸和磨难,既是成长的催长素,也是成熟的催熟剂。煽情的岁月掩饰不了风铃的惆怅,青涩的余音飘荡着世事的沧桑。如今的我们应用铿锵的词句点缀短暂的年华,用激昂的乐章谱写美好的明天。向往着美好的明天,一直为着心中的那个梦而奋斗。职业生涯规划,换个角度理解,就是对我们心中的那个蓝图的描绘。我们对自己的职业生涯进行规划,就是给自己的梦想插上翅膀。远大的理想总是建立在坚实的土地上的,青春短暂,从现在起,就力争主动,好好规划一下自己未来的路,去描绘这张生命的白纸。

2. 自我剖析

1)我的兴趣

我平时喜欢看电影、漫画、听歌和看书,生活中也喜欢动动手自己做些自己喜欢的小手办、艺术品。平常放假在家和爸爸妈妈聊天,听他们话话家常,倾听父母的心声,从听的角度做一个孝顺的孩子。另外,在周末和节假日的时候,我喜欢和朋友一起逛街、遛公园,通过行走放松自己的身心和加深与大自然的交流。

2)我的性格

了解我的人都知道,我虽然是个女孩子,但我个性乐观爽朗,面对任何挫折都不轻易认输。在困难与挫折面前无论如何跌倒,我也会拭去眼角的星点泪花重新站起来奋斗;无论压力多么大,我也会抱着一份积极向上的心去面对,乐观的我也成就了一个生活中待人爽朗的我。父母曾教导我,虽然身为女孩但是要有男孩一样的担当和勇敢!

3)我的优势

能干、肯吃苦,这源于我的性格,这是我将来学习和工作中的作风,因为我知道我是为了自己和爱我的人去拼搏、去努力;热情高涨,我对待事物并不是三分钟热度,决定了的事情会持之以恒,竭尽全力地去完成。有些事情不是看到希望才去坚持,而是坚持了才会看到希望。无论如何选择,只要是自己的选择,就不存在对错与后悔;敢于尝试,我也害怕失败,但我更敢于尝试和面对失败,失败了会沮丧但我不会被吓退,相反我会总结经验教训,当下次再面对未知的事情还是敢于尝试和参与。我相信过去的你不会让现在的你满意,现在的你也不会让未来的你满意。所谓一个人的长大,便是敢于惨烈地面对自己的失败和正视自己的成功。

4)我的价值观

我认为我的追求与理想都是积极健康的,如果我以后有能力了,不会忘记报答曾经帮助过我的人,不会忘记报答社会,给予弱者力所能及的帮助。

3. 环境分析

1)家庭环境分析

我来自一个农村家庭,家里人对我的教育很重视,同样也很期待。父母给我鼓励和引导,对我的缺点、错误能恰如其分地批评与指正,从而提高我的认识,帮助我改正缺点。但是在一些选择方面都很尊重我的选择,只是给我一些建议,让我认清选择。

2)学校环境分析

山东交通技师学院创办于1975年,隶属山东省交通运输厅,是一所以培养交通行业高技能人才为主,集短期培训、成人教育、技能鉴定、驾驶培训于一体的综合性国办全日制技师学院。

学院占地600余亩,建筑面积15万平方米,教职工371余人,在校生近1.5万人。下设汽车学院(含汽车应用系、汽车服务系、汽车制配系)、智能制造学院(含机械工程系、电气工程系、电力系)、商学院(含商务系、计算机应用系)、交通工程学院(含轨道交通系、航空系、学前教育系)、基础部等教学部门,开设汽车维修、数控加工、无人机、现代物流、幼儿教育、公路施工与养护、航空服务、铁路客运服务等30余个专业。

在上级领导和社会各界的关心支持下,学院坚持"立足交通、特色办学、适应市场、服务就业"的办学理念,服务区域经济社会发展和全省交通运输行业转型升级,办学水平和人才培养质量不断提高。例如,9名学生进入第44、45届山东省集训队,3名学生进入国家集训队;8名学生进入第46届世界技能大赛山东省集训队。

山东交通技师学院被评为"全国文明单位""国家技能型紧缺人才培养基地""世界技能大赛中国集训基地""全国技工院校汽车专业一体化课程教学改革试点单位""全国一体化课程教学改革试点'机电设备安装与维修'专业牵头院校"

"山东省教学质量优秀单位""山东省技工教育特色名校""山东省教育系统先进集体""山东省技工教育先进集体"等,获得"富民兴鲁劳动奖状"。2021年,山东交通技师学院又成功获批国家高技能人才培训基地、第46届世界技能大赛重型车辆维修及原型制作项目山东省集训基地,被评为全省技工教育表现突出集体、齐鲁最具就业竞争力十佳技工院校等。

3) 社会环境及就业前景分析

据公安部统计,2020年全国机动车保有量达3.72亿辆,其中汽车2.81亿辆;机动车驾驶人达4.56亿人,其中汽车驾驶人4.18亿人。2020年全国新注册登记机动车3328万辆,新领证驾驶人2231万人。随着汽车数量的剧增,道路更显得拥挤,再加上我国驾车新手较多,汽车碰撞、剐蹭现象也在增加。这种形式的上涨势必给汽车行业带来不小的影响,汽车碰撞、剐蹭首先受损的是车身。当今汽车形态各异、色彩斑斓,加之人们爱车心切,钣金喷漆行业需求剧增、门庭若市、利润颇丰,从前端的汽车销售到后面的汽车维护保养,致使汽车钣喷行业就业前景一片大好。

4. 职业目标规划

1) 职业规划一览表

将职业目标分为三个规划期,即近期规划(校园计划)、中期规划(毕业后5年计划)和远期规划(毕业5年后计划),并对各个规划期及其要实现的目标进行分解(见表4-4-1)。

职业生涯规划总表　　　　　　表4-4-1

规划期	时间	总目标	分目标	规划内容	备注
近期规划					
中期规划					
远期规划					

2) 具体实施路径

一年级期间:尽快完成角色转变,积极参加集体活动,认真学习,掌握扎实的基础知识,除了学习之外,还要积极参加集体活动和锻炼身体,身体是革命的本钱,只有拥有一个健康的身体才能做自己想做的事情。

二年级期间:积极参加社会实践活动、青年志愿者活动及社团组织的各种活动,提高自己的社会实践能力和人际交往能力;努力学习专业文化知识,积极参加活动。

三年级期间：做好报考各种证的相关准备，并考取相关证书；参与社会实践，在见习和实习中给客户留下深刻印象。

5. 评估与调整

1）评估内容

职业目标评估是指判断职业目标规划是否合理，若在实践中发现规划目标偏离实际，则根据实际进行实时调整。

2）评估的时间

先以一年为期，检验时间规划的合理性。

6. 结束语

从不回头的人，不一定是勇敢，也许是逃避；从不流泪的人，不一定是坚强，也许是无奈；从不认输的人，不一定是赢家，也许是输不起；从不失败的人，不定是成功，也许是没事做。计划固然好，但更重要的，在于其具体实践并取得成效。任何目标，只说不做到头来都会是一场空。然而，现实是未知多变的，制订的目标计划随时都可能遭遇问题，必须有清醒的头脑；想要获得成功，必须有勇气，付出努力、拼搏、奋斗。成功，不相信眼泪；成功，不相信颓废；成功不相信幻影，未来，要靠自己去打拼。

二、演讲技巧

演讲技巧一般有以下几点：

（1）做好演讲的准备。主要包括了解听众，熟悉主题和内容，搜集素材和资料，准备演讲稿，做适当的演练，等等。

（2）运用演讲艺术。主要包括开场白的艺术、结尾的艺术、立论的艺术、举例的艺术、反驳的艺术、幽默的艺术、鼓动的艺术、语音的艺术、表情动作的艺术等，通过运用各种演讲艺术，使演讲具备逻辑的力量和艺术的力量。

（3）演讲时的姿势。演讲时的姿势也会带给听众某种印象，如堂堂正正的印象或者畏畏缩缩的印象。虽然个人的性格与平日的习惯对此影响颇巨，不过一般而言仍有方便演讲的姿势，即所谓"轻松的姿势"。让身体放松，反过来说就是不要过度紧张。过度的紧张不但会表现出笨拙僵硬的姿势，而且对于舌头的动作也会造成不良的影响。

（4）演讲时的视线。在大众面前说话，不可以漠视听众的眼光，避开听众的视线来说话。尤其当你走到麦克风旁边站立在大众面前的那一瞬间,来自听众的视线有时甚至会让你觉得紧张。克服这种视线压力的秘诀,就是一边进行演讲,一边从听众当中找寻对自己投以善意而温柔眼光的人。

(5)演讲时的脸部表情。演讲时的脸部表情无论好坏都会带给听众极其深刻的印象。紧张、疲劳、喜悦、焦虑等情绪无不清楚地表露在脸上,这是很难由本人的意志来加以控制的。演讲的内容即使再精彩,如果表情缺乏自信,老是畏畏缩缩,演讲就很容易变得欠缺说服力。

(6)声音和腔调。声音和腔调乃是与生俱来的,不可能一朝一夕之间有所改善。不过音质与措辞对于整个演说影响颇巨,这倒是事实。让自己的声音清楚地传达给听众。即使是音质不好的人,如果能够坚持自己的主张与信念的话,依旧可以吸引听众的热切关注。另外,说话的速度也是演讲的要素。为了营造气氛,掌握说话的速度是很重要的。

活动评价

活动评价表见表4-4-2。

活动评价表　　　　　　　　　　　表4-4-2

评分项	是否达到目标（30%）	活动表现（40%）	职业素养（30%）
评价标准	1.完全达到; 2.基本达到; 3.未能达到	1.积极参与; 2.主动性一般; 3.未积极参与	1.大有提高; 2.略有提高; 3.没有提高
自我评价(20%)			
组内评价(20%)			
组间评价(30%)			
教师评价(30%)			
总分(100%)			
自我总结			

参 考 文 献

[1] 徐峰.汽车车身修复与涂装技术[M].北京:机械工业出版社,2019.
[2] 韩慧芝 祖国海.汽车车身修复与涂装技术[M].北京:机械工业出版社,2012.
[3] 杨建良.汽车维修企业管理[M].北京:人民交通出版社股份有限公司,2015.
[4] 任庆凤 李兴华.职业素养与就业指导[M].北京:机械工业出版社,2018.
[5] 王绍乾 李新雷.职业生涯规划与就业指导[M].吉林:延边大学出版社,2019.
[6] 刘涛.中职学生安全防范与危险处理[M].北京:人民交通出版社股份有限公司,2019.